내가 미래 도시의 건축가라면

내가 미래 도시의 건축가가 된다면

09
지식
+
진로

서윤영 지음

아파트부터 백화점까지 일상 속 건물로 보는 건축학

다른

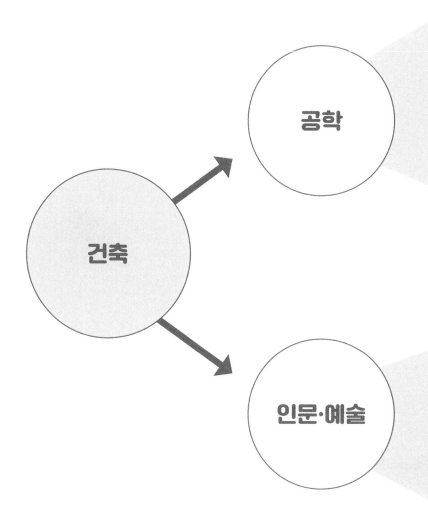

건축공학

토목공학

교통공학

도시공학

건축학

실내건축학

전통건축학

건축 설계 → 건축사

건축 시공 → 건축구조 기술사

건축 시공 → 건축시공 기술사

실내 디자인 → 실내건축 디자이너

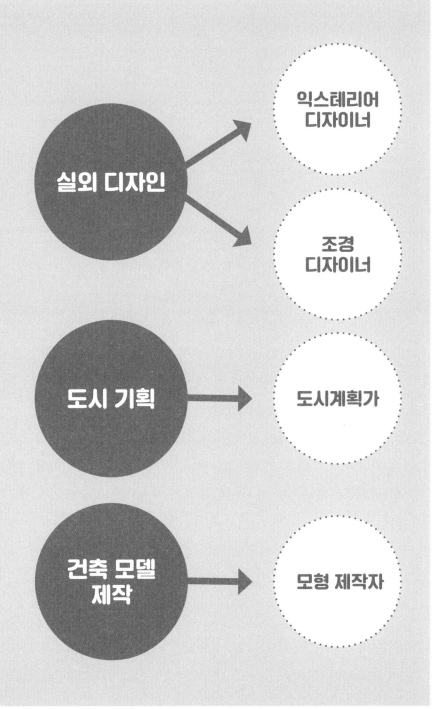

들어가며

│ 아름다우면서 튼튼한 건물을 지으려면

"나중에 예쁜 집 많이 지어."

건축가가 되고 싶다고 생각한 것은 중학생 때였다. 그 당시 장래희망이 무엇이냐는 질문에 '건축가'라고 대답하면 선생님들은 꼭 이렇게 말씀하시고는 했다. 그때마다 나는 의문이 들었다.

"왜 집이 예뻐야 하지? 건축의 목적이 예쁜 집을 짓는 것인가?"

시간이 흘러 나는 대학에서 건축을 공부하고, 졸업 후에는 건축설계사무소에서 일하게 되었다. 하지만 의문은 계속되었다. 건축이라고 하면 미술이나 음악, 문학, 연극, 무용 등으로 나누어지는 예술의 한 분야라고 생각하기 쉽다. 하지만 오해하지 말아야 한다. 건축에 예술적인 면이 있다고 해서 건축이 곧 예술인 것은 아니다.

건축을 예술의 한 분야로 보기 시작한 것은 대략 15세기 르네상스 시대부터였다. 조각가들이 건축에 관여하면서 이러한 시각이 생겨났다. 18세기 후반 산업혁명이 일어난 이후, 건축 기술이 발달하면서 건축을 공학의 한 분야로 파악하고자 하는 관점이 나타났다.

건물이 건축으로 받아들여지려면 세 가지 조건을 충족해야 한다. 기능structure, 구조function, 심미beauty라는 건축의 3대 요소다. 즉 건물은 쓰임에 맞는 기능을 충실히 해야 하며, 건물의 구조를 만들 기술도 뒷받침되어야 한다. 또한 건물은 인간이 만들 수 있는 물체 중에서 가장 크고, 만든 그대로 쓸 수 있는 기간도 길기 때문에 흉물이 되지 않도록 아름답게 만들어야 한다. 기능, 구조, 심미는 시대에 따라 그 중요성이 조금씩 달라지기도 했다.

건축의 3대 요소 중에서도 기능과 구조가 중요하다. 둘 중 어디에 더 중점을 두느냐에 따라 전공이 건축학과와 건축공학과로 나뉜다. 1970~1980년대 우리나라에서는 건축이 공과대학에 속하는 경우가 많았다. 건축을 구조적, 공학적인 측면에서 바라보았기 때문이다. 건축공학과라는 이름도 이러한 흐름에서 정해진 것이다. 1990년대부터는 기능, 공간 심리학, 역사를 비롯해 사회 문화적인 면을 강조하는 건축학과가 새롭게 만들어졌다. 그때부터 한 대학 안에 건축공학과와 건축학과가 함께 있는 경우도 많이 생겼다.

건축학과와 건축공학과에서는 각각 무엇을 배울까? 앞서 말했듯이 건축공학과는 건축의 3대 요소 중 구조를 중시해 건축의 공학적인 면에 중점을 둔다. 건축학과는 기능과 심미에 중점을 두어 가르친다. 하지만 이러한 구분은 무의미하다. 기능과 심미만 따지고 붕괴 위험이 높은 건물을 지어도 될까? 반대로 튼튼하다면 도시 곳곳에 콘크리트로 된 건물만 지어도 될까? 물론 둘 다 아니다. 그래서 요즘은 건축학과와 건축공학과를 합쳐 5년제 과정의 건축학부를 운영하는 추세다.

건축은 예술의 한 분야로 특정할 수 없다. 건축에는 예술적인 면과 동시에 공학적인 면도 있다. 아울러 사회문화적인 면도 있

다. 이 책은 이러한 건축의 다양한 면들을 다루고자 했다. 이 책
이 여러분에게 건축을 바라보는 새로운 시선을 줄 수 있기를 바
란다.

차례

1장 문화가 보이는 건축

2장 생활이 보이는 건축

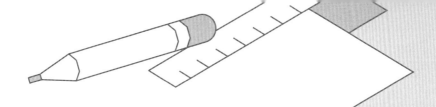

3장 소비가 보이는 건축

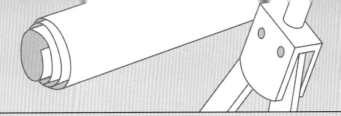

4장 전통이 보이는 건축

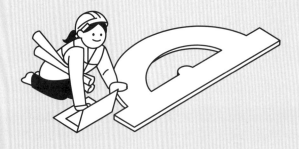

1장

문화가 보이는
건축

서울광장은 분수를 없애 공간을 비워 냈기에
거리응원이라는 새로운 문화를 담을 수 있었다.

서울광장과 청계천
: 시민과 함께 살아가는 공간

서울시청과 서울도서관 앞에는 푸른 잔디가 깔린 서울광장이 자리한다. 서울광장은 늘 시민들로 복작인다. 주말마다 크고 작은 행사가 열리며 겨울에는 실외 스케이트장으로 변신한다. 바쁜 일상에서 시민들에게 휴식과 재미, 자유로움을 선물하는 서울광장은 과연 어떤 과정을 거쳐 만들어졌을까?

작지만 실용적인 서울시청 건물

서울광장의 역사는 일제 강점기까지 거슬러 올라간다. 1926년 경복궁 앞에 조선총독부 청사가 세워지던 무렵, 덕수궁 앞에는 경성부 청사가 세워졌다. 조선총독부가 조선 전체를 총괄했다면, 경성부 청사는 경성부현재 서울시를 관리했다. 일제가 경복궁 바로 앞에 조선총독부를 둔 데는 조선의 정치를 장악하겠다는 의도가 담겨 있었다. 당시 우리나라 사람들은 덕수궁 앞에 지은 경성부 청사에 더 큰 충격을 받았다. 얼마 전까지 대한제국 황제인 고종이 살던 자리였기 때문이다.

일제는 경성부보다 조선총독부 청사 신축에 더 많은 비용을 들였다. 일본이 조선의 통치자임을 건축의 규모를 통해 보여 주기 위해서였다. 조선총독부뿐만 아니라 서울역, 조선은행 등 국가 차원에서 중요한 건물은 외국인 건축가에게 설계를 의뢰했다. 비교적 규모가 작은 건물의 설계는 일본인 건축가에게 맡겼다.

경성부 청사의 설계는 조선총독부 건축과에서 일하던 일본인 건축가 이와이 조자부로가 담당했다. 경성부 청사는 지하 1층, 지상 3층으로 이루어진 콘크리트 건물로 완성되었고, 건물 앞에는 작은 광장과 분수가 놓였다. 조선총독부에 비해 수수한 건물이었다. 조선총독부를 짓고 남은 자재를 가져다 써서 공사비와 공사 기간도 많이 줄였다고 한다.

1995년 광복 50주년을 맞이해 조선총독부 청사는 철거되었지만, 경성부 청사는 남겨졌다. 그리고 경성부 청사로 쓰인 20년 남짓한 기간보다 3배 긴 60년 가까이 서울시청으로 사용되었다. 그 이유는 건물이 비교적 작고 실용적으로 지어졌다는 데서 찾아볼 수 있다.

시민들에게 사랑받는 공간

1990년대에 서울시청 앞 분수가 철거되면서 그 자리는 넓은 공터가 되었다. 2002년 한일 월드컵이 시작되자 시민들은 그곳에 모여 붉은색 티셔츠를 입고 거리응원을 벌였다. 그전까지 거리응원은 우리나라에서 생소한 문화였다. 그때를 계기로 우리나라에도 거리응원 문화가 생겼고, 시청 앞 공터가 그 역할을 톡톡히 해냈다.

2004년 5월 1일, 시청 앞 공터는 서울광장으로 거듭났다. 약 4,000평 크기에 잔디를 심은 광장은 빌딩 숲 사이에 들어선 초록빛 섬처럼 보였다. 서울광장이 잔디 광장이 되기까지 우려도 많았다. 많은 사람이 지나다니는 광장의 특성상 잔디가 밟혀 제대로 자라지 못할 것이며, 한국의 겨울이 길고 추운 탓에 잔디가 시들어 죽을 것이라는 말들이 있었다. 우려와는 달리 서울광장의 잔디는 추위에 잘 견디는 품종이어서 제대로 뿌리를 내렸다.

2012년 8월에는 오래된 서울시청 건물을 대신할 신청사가 원래 있던 청사 바로 뒤편에 지어졌다. 신청사는 13층 높이에 1층 전면부는 녹지 공간인 에코플라자ecoplaza로 꾸몄다. 햇빛이 들어오는 유리벽 맞은편 벽에 식물을 심어 쾌적한 실내공간을 만들었다. 구청사는 리모델링을 거쳐 2012년부터는 20만여 권의 장서를 갖춘 서울도서관으로 탈바꿈했다.

2002년 한일 월드컵을 계기로 우리나라에도 거리응원 문화가 생겼고, 시청 앞 공터가
그 역할을 톡톡히 해냈다.

청계천은 왜 골칫거리였을까?

현재 서울을 가로지르는 강이라고 하면 한강을 떠올린다. 조선 시대에는 어땠을까? 사대문四大門, 동쪽의 흥인지문, 서쪽의 돈의문, 남쪽의 숭례문, 북쪽의 숙정문 안을 기준으로 한양을 가로지르는 강은 청계천이었다. 그 때 청계천은 식수로 쓸 물을 길어 올리고 빨래하고 생활하수도 흘려 보내는 곳이었다. 그야말로 사람들의 생활과 함께하는 하천이었기에 친근하게 개천이라고 불렸다.

청계천은 작은 개천이었다. 폭이 좁고 물이 흐르는 속도도 빠르지 않아 다리를 놓기 쉬워서 다리가 24개나 있었다. 사람들은 다리를 건너 자유로이 한양 도성 안을 오고 갔다. 자연스레 청계천 주변에는 시장이 형성되었다.

조선 중기 이후 한양에 점차 인구가 많아졌다. 특히 임진왜란과 병자호란이라는 큰 전쟁을 겪으면서 피난민들이 한양으로 몰려들었다. 이들은 청계천 주변에서 장사를 하며 집을 짓고 살기도 했다. 그러다 보니 청계천은 늘어난 인구를 감당하지 못해 자정 능력을 잃고 오염되었다.

일제 강점기에도 경성의 인구는 증가했다. 청계천에 버려지는 생활하수가 늘어나 도저히 감당할 수 없는 상황에 이르렀다. 도심 한가운데를 가로지르는 개천에 오물이 둥둥 떠다니는 더러운 물이 흘렀다. '맑은 물'이라는 뜻의 청계라는 이름이 무색할 지경이었다. 그러자 차라리 개천을 덮어 땅속에 파묻고 그 위에 도로를 만들자는 의견이 나왔다. 결국 1937~1942년 사이 광화문우체국부터 광교까지의 구간을 덮는 공사가 이루어졌다.

광복 이후에도 청계천은 여전히 골칫거리였다. 한국전쟁6·25전쟁으로 생겨난 많은 피난민이 청계천 언저리에서 장사를 하며 개천가에 판잣집을 짓고 살았기 때문이다. 청계천은 슬럼화되었다.

1978년 청계천은 지하에 매설되었다. 그 후 청계천 위로 고가 도로가 지어졌다. 개천은 흔적도 없이 사라졌고 그 자리에는 물이 흐르는 대신 자동차가 매연을 뿜으며 내달렸다. 아울러 전쟁이 끝나고 하나둘씩 자리 잡은 노점과 영세 상인 들이 그곳에 계속 머물면서 거리는 점점 더 혼잡해져 갔다.

고가 도로의 역설

2000년대가 되자 고가 도로를 없애고 청계천을 복원하자는 목소리가 나왔다. 처음에는 반대도 컸다. 많은 이가 고가 도로와 지상 도로를 모두 없애면 교통이 더욱 혼잡해질 것이라고 염려했다. 정말 그럴까?

의외로 도심에 도로가 많을수록 교통량이 늘어 차가 더 막힌다. 새로운 도로가 생기면 차들이 그 도로로 몰려들기 때문이다. 반대로 원래

있던 도로가 없어지면 어떻게 될까? 교통이 혼잡해질 것 같지만 오히려 교통 체증이 해소된다. 도심에서 자가용 자동차를 타기 불편해지면 도로에는 최소한의 차만 다니게 되고, 자연스럽게 대중교통을 이용하는 사람도 늘어난다. 한편 고가 도로는 주변 환경을 매우 삭막하게 한다. 지금도 서울에 일부 남아 있는 고가 도로 밑에 가면 음침하고 황량한 분위기가 느껴진다. 청계 고가 도로 밑도 마찬가지였다. 이러한 이유에서 고가 도로는 2000년대 이후 점차 허물고 있다.

2003년 7월, 마침내 청계천 복원사업이 시작되었다. 고가 도로를 철거하고, 청계천을 덮은 아스팔트 도로를 뜯어냈다. 그리고 2005년 10월 1일 청계천은 지금의 수변공원물가에 자리한 공원으로 모습을 드러냈다.

조형물을 두면 공간의 정체성이 살아난다

광화문 앞 동아일보 사옥이 있는 태평로에서 성동구 신답철교에 이르는 5.8킬로미터의 청계천은 도심 수변공원으로 다시 태어났

고가 도로는 주변 환경을 매우 삭막하게 한다.

내가 미래 도시의 건축가라면

다. 청계천은 인공적으로 조성된 하천이다. 청계천에서 흐르는 물은 모터 펌프로 한강에서 매일 12만 톤씩 끌어오는 것이다.

　오늘날 청계천은 조선 시대에 있던 24개의 다리 중 22개를 복원했으며, 그밖에 작은 징검다리도 놓았다. 벽에는 정조대왕의 <화성능행 반차도>가 그려진 타일을 붙였고, 아홉 군데에 분수를 두었다. 청계천이 시작되는 청계광장에는 미국 팝아트 작가 클래스 올덴버그와 코셔 반 브뤼겐 부부의 공동 작품인 <스프링Spring>이 설치되어 있다. 어디서 보아도 눈에 띄는 뾰족한 나선 모양의 조형물이다.

　도심이나 광장에 상징물을 두면 그 장소에서 드러나는 특별한 성격, 즉 장소성이 더욱 명확해진다. 예를 들어 청계천 수변공원의 시작점이 어디인지 헷갈릴 수 있는데, 시작점 부근에 상징물을 놓으면 이곳에서부터 공원이 시작된다는 것을 알릴 수 있다. 장소성이 분명해지는 것이다. 또한 상징물이 있으면 약속 장소로 잡기도 좋아서 광장이나 큰 공원에는 흔히 조형물을 둔다. 광화문광장에도 이순신 장군과 세종대왕 동상이라는 조형물을 두었다.

건축은 생활을 담는 그릇

건축을 흔히 '생활을 담는 그릇'이라고 한다. 그릇에 물을 담으면 물그릇이 되고 꿀을 담으면 꿀단지가 된다. 그릇에 무엇을 담는

5.8킬로미터의 청계천은 도심 수변공원으로 다시 태어났다.

지가 중요한 것인데, 담기 위해서는 먼저 비워야 한다.

　오늘날 서울광장은 서울 시민에게 가장 사랑받는 장소가 되었다. 서울광장은 분수를 없애 공간을 비워 냈기에 거리응원이라는 새로운 문화를 담을 수 있었다. 이처럼 무엇을 더 지어 올리는 것만이 훌륭한 장소를 만드는 방법은 아니다. 원래 있던 것을 헐어 내고 비움으로써 더 좋은 장소를 창조할 수 있다. 청계광장에서도 문화 행사가 자주 열린다. 매년 가을에는 청계천에 연등을 띄우는 청계천 등축제가 진행된다. 서울광장처럼 청계광장도 비워 냈기에 더 많은 생활을 담을 수 있었다. 고가 도로를 철거하고 청계천을 덮은 도로를 걷어 냄으로써 청계천은 다시 시민의 삶과 함께하는 공간이 되었다.

광화문광장
: 살아 있는 국민청원 게시판

광장은 고대 그리스의 아고라agora, 로마의 포럼forum에서 그 기원을 찾을 수 있다. 도시국가polis, 폴리스로 이루어진 그리스에는 각 도시마다 아고라라고 하는 광장이 있었다. 시민들은 이곳에 모여 집회를 열고 토론을 벌였다. 지도자를 뽑거나 몰아내는 일도 모두 아고라에 모여 투표를 통해 정했다. 아고라와 포럼은 민주 정치여론에 따라서 이루어지는 정치의 요람과 같았다.

우리나라 최초의 광장은 2000년대 초반에 만들어진 서울광장과 광화문광장이다. 그전까지 우리나라에는 광장이라고 부를 만한 장소가 거의 없었다. 1970년대에 여의도광장5·16광장, 현재 여의도공원이 생기긴 했지만, 군사 퍼레이드나 국가가 주관하는 대규모 행사가 열리는 장소로만 이용되었다. 광장 문화가 꽃피는 진정한

우리나라 최초의 광장은 2000년대 초반에 만들어진 서울광장과 광화문광장이다.

의미의 광장은 아니었다는 말이다. 그렇다면 광화문광장은 어떤 과정을 거쳐 민주 정치의 중심지이자 화합의 공간이 되었을까?

조선 시대의 광화문광장, 육조 거리

광화문 앞은 조선 시대에도 매우 중요한 공간이었다. 당시 광화문 앞에는 실질적인 정치가 이루어지던 육조조선 시대 6개의 중앙 관청가 늘어서 있었다. 육조뿐만 아니라 경복궁, 의정부조선 시대의 최고 행정 기관, 의금부조선 시대에 중대한 범죄를 다스린 사법 기관, 포도청오늘날의 경찰서와 같은 조선 시대의 사법 기관까지 이곳에 몰려 있었다.

지금은 중앙정부의 기능이 서울, 세종, 대전 등 여러 도시로 흩어져 있지만, 조선 시대에는 모두 한양의 사대문 안에 집중되어 있었다. 한양에서도 핵심이 된 장소가 바로 광화문 앞 육조 거리였다. 오늘날 억울하거나 답답한 일을 당하면 청와대나 국회 앞에서 1인 시위를 하거나 청와대 국민청원 게시판에 글을 올린다. 조선 시대에는 이를 호소하기 위해 육조 거리를 찾았다. 이렇듯 육조 거리는 한양에서도 심장부 역할을 했다. 하지만 일제 강점기에 들어 경복궁 앞에 조선총독부가 들어서면서 큰 수난을 당하게 된다.

메마른 시기를 통과하다

경복궁 앞에 조선총독부 청사가 지어지자 육조 거리에 있던 관청들은 모두 철거되었다. 1930년대 광화문 앞 거리에는 조선보병대, 조선군사령부 부속청사, 경찰관 강습소, 경기도 경찰부 등의 건물이 들어섰다. 일제는 군대와 경찰 등 힘으로 조선을 제압하기 위해 이러한 기관들을 세웠다. 조선을 사법적으로 통제하기 위해 경성법학전문학교도 세웠다.

1945년 우리나라는 일제에 해방되었지만, 조선총독부 청사는 그대로 남아서 정부의 일을 맡아 하는 관청으로 사용되었다. 모든 것이 폐허가 된 상황에서 새로운 건물을 지을 만한 여력이 없었기 때문이다. 조선총독부 건물은 청와대와 정부종합청사, 주한 미국대사관이 들어서면서 정부의 핵심 기능을 수행하는 장소가 되었다. 중요한 건물들이 세워지자 이를 보호하기 위한 군부대도 주둔하게 되었다.

그러자 광복 이후 광화문 앞의 모습은 달라졌다. 사람 없이 자동차만 지나다니는 길이자, 사복 경찰이 곳곳에 서 있는 삼엄한 곳이 되었다. 여기서도 알 수 있듯이 도로가 넓으면 좋을 것 같지만 그렇지 않다. 강폭이 넓으면 물이 흐르는 속도가 빨라 강변에서 사람이 놀기 어렵다. 같은 맥락에서 도로가 넓으면 자동차만 쌩쌩 오가는 황량한 장소가 된다.

세종문화회관, 전통 건축을 재해석하다

1970년대 후반이 되자 조금이나마 숨통이 트이기 시작했다.

1978년 세종문화회관이 등장한 것이다. 세종문화회관은 오페라, 뮤지컬, 교향악 연주가 가능한 3,900석의 대강당, 콘서트 전용 소강당, 270석의 대회의장, 전시관, 연회장이 있는 세계적 규모의 건물이다.

세종문화회관의 설계는 설계 공모전경기을 통해 당선된 건축가 엄덕문이 맡았다. 그는 한국의 전통적인 건축 양식을 현대적으로 재해석하고자 했다. 본관과 별관 두 동으로 나뉜 건물을 계단으로 연결하면서 'ㄷ'자형 한옥처럼 배치했다. 특히 기둥과 지붕 디자인이 유명하다. 전통 방식인 배흘림기둥의 형태로 기둥을 세웠고, 서까래를 추상적으로 표현해 만든 지붕을 덮었다. 이렇게 완성된 세종문화회관은 각종 행사와 음악회, 발레, 뮤지컬 공연을 하는 문화공간으로 그 역할을 이어 가고 있다.

1984년에는 세종문화회관 맞은편에 광화문 교보빌딩이 들어섰다. 건물 지하 1층에 자리한 대형 서점인 교보문고는 서점인 동시에 문화공간이기도 하다. 세종문화회관과 교보문고의 등장으로 권위주의로 가득했던 세종로의 표정도 조금씩 변하기 시작했다.

> **배흘림기둥**
>
> '배가 흘려졌다'라는 말에서 비롯된 이름으로, 불룩 튀어나온 배처럼 생긴 기둥을 뜻한다. 일반적인 원기둥은 멀리서 보았을 때 오목렌즈처럼 가운데 부분이 홀쭉해 보이는 착시 현상이 일어나는데, 배흘림기둥은 이러한 착시 현상을 보완한다. 기둥의 중앙이 튀어나와 있어서 시각적으로 안정감을 준다.

세종문화회관은 각종 행사와 음악회, 발레, 뮤지컬 공연을 하는 문화공간으로 그 역할을 이어 가고 있다.

시민 광장이 되기까지

1980년대 후반에는 조선총독부 청사를 그대로 둘지 없앨지를 두고 논쟁이 불거졌다. 경복궁을 가로막고 세워진 조선총독부를 철거해서 민족의 정기를 바로 세워야 한다는 의견이 대부분이었다. 일부는 조심스럽게 반대 의견을 펼치기도 했다. 반대의 이유는 무엇이었을까? 명칭이 조선총독부이기는 하지만 대한민국 건국 초기에 행정을 담당한 곳이었다는 것이다. 실제로 건물이 조선총독부로 사용된 기간은 20년 남짓이었다. 그 이후 중앙청으로 사용된 기간이 40여 년이니 역사가 2배 더 길다고 할 수 있다. 그렇다고 일제의 흔적을 보존할 수도 없는 노릇이었다.

결국 조선총독부의 철거가 결정되었다. 1995년 광복절에 맞추어 조선총독부 청사는 해체되었다. 그 후로 광화문 앞 세종로는 점차 시민의 품으로 돌아오기 시작했다. 왕복 20차선이었던 세종로는 12차선으로 줄어 2009년 8월 1일에 광화문광장으로 거듭났다. 시민들이 자유롭게 거니는 시민 광장이 된 것이다.

시민의 쉼터이자 민주주의의 심장

현재 광화문광장에서는 다양한 문화 행사가 활발하게 열린다. 올림픽이나 월드컵 같은 큰 스포츠 경기가 있을 때는 거리응원을 하는 장소로 변신한다. 미술 작품을 전시하는 공간으로도 활용된다. 아리수 샘터, 안내소, 기념품점 등의 편의 시설 등이 있어서 놀이 공간이자 휴식처가 되어 주기도 한다. 광장의 바닥분수는 여름날 더위를 식혀 주는 훌륭한 쉼터다. 세종의 일대기, 한글 창제, 민본 사상 등의 업적을 소개하는 상설 전시관도 마련되어 우리나라의 역사와 문화에 관한 볼거리도 풍부하게 제공한다. 무엇보다 광화문광장은 민주주의를 상징하는 공간이 되었다. 다원성이 보장되는 민주주의 사회에서 크고 작은 집회와 시위가 벌어지는 장소가 되어 주기 때문이다.

광장은 '종이의 여백'이라고 할 수 있다. 여백이 있어야 적을 것이 많아진다. 광화문광장이 진정한 광장이 될 수 있었던 것은 새롭고 멋진 건물을 지어서가 아니다. 원래 있던 건물들을 헐어내고 도로의 차선을 줄였기 때문이다. 조선 시대에 억울하거나 답답한 일이 생기면 '광화문 네거리에 가서 물어보자'라는 말을 했다고 한다. 이 말은 지금도 유효하다. 광화문광장이 진정한 광장으로 거듭났기 때문이다.

동대문 디자인 플라자
: 전통을 깬 새로운 랜드마크

2013년 서울 동대문에 그동안 한 번도 보지 못했던 낯선 모양의 건물이 지어졌다. 둥그런 생김새에 은색으로 빛나는 건물은 우주에서 날아온 비행접시가 잘못 내려온 듯 보였다. SF 영화에서나 볼 법한 외계 생명체 또는 깊은 바닷속에서 건져 올린 해파리처럼 보이기도 했다. 사람들이 처음 이 건물을 마주했을 때 보인 반응은 비슷했다. 뜬금없고 이상하다는 반응이었다. 이 건물의 이름은 동대문 디자인 플라자Dongdaemun Design Plaza로, 줄여서 DDP라고도 한다. DDP는 우리나라 최초의 종합운동장인 동대문운동장을 허물고 그 자리에 지어졌다. 거대한 우주선처럼 보이는 건물이 어떻게 역사와 전통이 흐르는 동대문 지역에 만들어졌을까?

우리나라 최초의 비정형 건물

동대문흥인지문과 남대문숭례문에는 현재 커다란 대문만 남아 있다. 조선 시대에는 한양을 둘러싼 성곽이 함께 있었는데, 성곽을 드나들려면 대문을 통해야 했다. 일제 강점기에 서울이 점차 확장되는 과정에서 성벽은 철거되었고 대문만 남게 되었다.

조선 시대 동대문 주변에는 군인들을 훈련하는 관청인 훈련원도 있었다. 그러나 일본이 한반도를 점령하고 1907년 대한제국 군대가 강제 해산되자 훈련원도 더는 쓸모가 없어졌다. 훈련원이 있던 자리는 한동안 공터로 남았다가 1925년 경성운동장이 들어섰다. 1945년 광복 이후 경성운동장은 서울운동장으로 이름이 바뀌었고, 서울 올림픽을 4년 앞둔 1984년에는 동대문운동장으로 이름이 바뀌었다. 프로야구가 출범하면서 동대문운동장은 야구장으로 서울 시민에게 큰 사랑을 받았다. 하지만 2000년대에 들어서는 오랜 세월만큼 시설이 낡았다.

동대문운동장은 일제가 지었지만 우리나라 최초의 종합운동장이었다는 점에서 가치가 있다. 그 뜻을 이어 현대적인 운동장으로 다시 지어야 한다는 의견도 있었다. 그러나 2013년 동대문운동장은 완전히 새로운 건물인 DDP로 거듭난다. DDP는 의류 시장이 밀집한 동대문 지역을 세계적인 디자인 중심지로 키우겠다는 목표에서 만들어진 복합 문화공간이다.

DDP 건물이 처음 지어졌을 때 사람들은 왜 이상하다는 반응을 보였을까? 우리가 흔히 접하던 건물과는 확연히 달랐기 때문이다. 지하 3층, 지상 4층으로 된 건물이지만 겉으로 봐서는 몇 층짜리 건물이고 입구는 어디인지조차 가늠하기 어려웠다. DDP는 우리나라에 처음 지어진 비정형 건물이었다. 건물에 대한 우리의 고정관념을 깬 건물이기도 했다.

이렇게도 지을 수 있다고?

우리가 보통 떠올리는 건물이란 수직으로 우뚝 선 형태가 대부분일 것이다. 바닥은 수평이고 벽은 수직인, 직교좌표계를 보듯이 곧게 서 있는 건물 말이다. 그런데 컴퓨터 기술이 발달하기 시작하면서 비정형 건축이라는 유연한 형태로 건물을 짓는 것이 가능해졌다.

건축물은 얼마든지 다양한 형태로 지을 수 있을 것 같지만 그렇지 않다. 알고 보면 재료와 공법에 따라 제약을 많이 받는다. 건축 역사를 살펴보면 그 사실을 이해할 수 있다. 어떤 건축물이 그 형태가 된 데는 이유가 있다. 당시 구할 수 있는 재료와 기술력이 최대한으로 구현된 결과물이기 때문이다. 피라미드를 예로 들어 보자. 고대 이집트에서 돌은 최고의 건축 자재였다. 또한 그때 기술력으로 최대한 크고 높은 건물을 만들려면 무너지는 것을 막기 위해 위로 갈수록 점점 작아지는 모양을 만드는 수밖에 없었다. 그 결과 피라미드는 돌로 지어졌고 뾰족한 사각뿔 모양으로 지어졌다.

중세 시대 성당이라고 하면 떠오르는 플라잉 버트레스flying buttress와 스테인드글라스stained glass 역시 마찬가지다. 당시 가장 뛰어난 재료와 기술력으로 구현한 기법이었다. 19세기 영국 런던의 수정궁The Crystal Palace도 산업혁명으로 유리와 철의 가격이 저렴해지자 등장한 건축물이었다. 현대의 고층 건물과 같은 완벽한 사각기둥의 건물 형태는 철재가 건축 자재로 쓰이기 시작한 19세기부터 가능했다. 지금으로서는 불가능한 건물의 형태도 있다. 위로 올라갈수록 면적이 넓어지는, 피라미드를 거꾸로 세워 놓은 듯한 역삼각형 모양의 건물은 현재의 기술력으로는 지을 수 없다.

20세기 중반까지만 해도 설계 도면은 사람이 직접 그렸다. 그래서 10층짜리 건물을 짓는다고 하면 1층에서 10층까지의 평면이 같아야 작업하기 쉬웠다. 같은 평면을 10장 그리면 10층, 30장 그리면 30층짜리 건물이 완성되었다. 그러다 보니 아무런 특징 없는 박스 모양의 고층 건물이 도시를 채우게 되었다. 그러다가 컴퓨터를 이용한 설계가 가능해지면서 새로운 변화가 생겨났다. 종이에 그린 2D 도면을 컴퓨터가 3D 입체로 재현해 냈고, 작업 속도가 훨씬 빨라졌다. 예전에는 시간과 노력이 많이 들었던 비정형 건물도 이제는 쉽게 설계할 수 있게 되었다.

도면을 그렸다고 해도 그것을 건축하기까지는 어렵기 마련이다. 그래서 설계가 너무 복잡하고 어려운 건물은 실제로 짓는 과정에서 무리가 생겨 중간에 디자인을 바꾸기도 한다. 최근에는 건설 과정을 미리 시뮬레이션해 보는 기술이 도입된 덕분에 설계에서 시공까지 시행착오를 줄일 수 있게 되었다. 이렇듯 모든 건물은 그 시대의 최신 기술과 공법으로 만들어진다. DDP 역시 21세기의 신공법인 비정형 건축으로 지어진 건축물이다.

곡선의 건축가 자하 하디드

DDP의 설계는 2004년 여성 최초로 프리츠커 건축상Prizker Architecture Prize을 수상한 이라크 출신의 영국 건축가 자하 하디드가 맡았다. 그의 설계에서 엿보이는 특징은 자유분방한 곡선을 사용한다는 점이다. 젊은 시절 그는 오랫동안 페이퍼 아키텍트로 불렸다. 실험적이고 개념적인 건축 아이디어를 시도했지만, 건물이 실제로 지어지지 못하고 도면으로만 남았기 때문이다. 그의 나이 43세에야 처음 완공한 비트라 소방서Fire Station at Vitra도 상당히 전위적이고 추상적이었다. 동시에 날카로운 예각의 선들이 아름다운 작품이었다.

> **페이퍼 아키텍트paper architect**
>
> 현실에서 실현될 수 있는가 하는 가능성과 관계없이 종이와 모형만으로 상상 속 건물을 설계하는 건축가. 1960년대 영국의 건축가 집단인 아키그램Archigram에서 유래된 말이다. 때로는 현실 불가능한 설계만 하는 건축가를 두고 빈정거릴 때 쓰이기도 한다.

DDP는 세계 최대 규모의 비정형 건축물이다. 건물 외부와 내부가 큰 경계 없이 하나로 어우러지는 것이 특징이다. 외부 벽면은 알루미늄 패널로 마감해 은색으로 빛나게 했고, 건물 내부에는 수직 벽을 하나도 만들지 않아 그때그때 다양하게 활용할 수 있게 했다. 자하 하디드는 이른 새벽부터 날이 저물 때까지 쉴 새 없이 변화하는 동대문의 역동성을 상징하는 건물을 만들고자 했다. 그 결과 지금의 DDP 디자인을 만들어 냈다. 그의 의도에 따라 DDP는 곡선과 곡면, 기울어진 사선으로 이루어진 특유의 형태로 자연물과 인공물이 이음새 없이 이어지는 공간이 되었다.

이런 랜드마크는 처음이야

이런 의문이 생길 수 있다. 새로운 공법으로 독특한 건물을 짓는 것은 좋지만, 이러한 건물이 동대문이라는 역사적인 공간에 들어서도 괜찮을까? 일반적으로 건물은 그 지역의 역사와 전통에 따라 어울리도록 짓는 것이 바람직하다. 전주 한옥마을이나 서울 북촌 한옥마을에 카페를 짓는다고 가정해 보자. 유럽에서 봄 직한 화려한 건물과 깔끔한 개량 한옥 중 무엇이 더 잘 어울릴까? 당연히 개량 한옥일 것이다. 그렇다면 왜 동대문이라는 전통이 살아 있는 지역에 비정형 건물을 지었을까?

건물은 크게 두 가지로 나눌 수 있다. 장소의 분위기에 순응하는 건물이 있는가 하면, 독창적인 형태로 새롭게 정체성을 만드

DDP는 세계 최대 규모의 3차원 비정형 건축물이다.

내가 미래 도시의 건축가라면

는 건물이 있다. 후자에는 대표적으로 프랑스 파리의 에펠탑Eiffel Tower, 오스트레일리아 시드니의 오페라하우스The Sydney Opera House 등이 있다. 에펠탑이 처음 지어졌을 때 시민들은 낯설고 기괴한 모습에 큰 충격을 받았다. 전통을 무시한 최악의 흉물이라는 오명을 뒤집어쓰기도 했다. 1989년 파리 만국박람회EXPO, 엑스포 당시 행사가 끝나면 제일 먼저 철거해야 할 건물로 꼽혔지만, 현재는 에펠탑 없는 파리는 상상할 수 없다.

오페라하우스도 마찬가지다. 세계에서 가장 아름다운 항구로 손꼽히는 시드니에 오페라하우스를 짓는다는 소식이 알려지고 설계 공모전이 열리자 전 세계 32개국에서 232점이나 되는 설계 안을 내놓았다. 2년 동안의 심사 끝에 1957년 덴마크 건축가인 예른 오베르 웃손의 작품이 당선되었다. 심사 결과가 나오자 사람들은 크게 놀랐다. 생소하고 기괴하다는 이유로 1955년 예선에서 일찌감치 떨어진 작품이었기 때문이다. 당선작을 결정하는 데 어려움을 겪던 심사위원들이 낙선작을 다시 살펴보던 중 눈에 띄어 선정했다고 한다.

그러나 오페라하우스는 완성되기까지 건축 비용과 기간 등 각종 문제에 부딪혔다. 그때 기술력으로 전례 없는 건물의 형태를 구현하기에는 어려움이 따랐기 때문이다. 공사 기간 16년 끝에 오페라하우스가 세상에 드러났을 때 사람들은 비난과 조롱을 쏟아 냈다. '물 위로 올라온 거북이 같다', '베일을 쓴 수녀 같다'며

비꼬았다. 그랬던 오페라하우스는 이제 시드니에서 빼놓을 수 없는 장소가 되었다. 에펠탑과 오페라하우스는 그 도시가 지닌 장소의 맥락을 파괴한다는 비판을 받으며 반발을 샀지만, 시간이 흐르고 오히려 도시의 정체성을 형성하는 건축물이 되었다.

그동안 우리나라는 국가가 주도하는 공공건축이라면 무릇 전통적인 건축 형태를 띠어야 한다고 생각했다. 하지만 이는 1960~1970년대 독재 시대의 유산일 뿐이다. '독재자는 전통 양식을 좋아한다'라는 말이 있다. 지지 기반이 취약한 정권일수록 공공건축을 할 때 전통 양식을 선호한다는 뜻이다. 민주주의가 자리 잡은 우리나라에서는 더 이상 전통 건축을 되살려 중앙 권력을 정당화할 필요가 없다. 그래서 2000년대에 들어서는 공공건축에서 전통 양식을 계승하는 일이 드물어지고 있다. 대신 세계화에 발맞춰 해외 설계 공모전에 붙이는 경우가 많아졌다.

지금까지 우리는 맥락에 순응하는 건물, 더욱이 공공건물이라면 전통을 이어 나가는 건물이 바람직하다고 생각했다. 이러한 흐름과 반대로 맥락을 파괴함으로써 새로운 정체성을 형성하는 건축물이 생겨났는데, DDP가 바로 그 첫 사례다. 분명 낯선 건물일 수 있지만, DDP가 지니는 의미는 바로 거기에 있을 것이다.

문화비축기지
: 버려진 공장을 기발한 문화공간으로

2017년 서울 성산동에서 콘크리트 탱크 5개가 세상에 드러났다. 놀라운 것은 그 크기였다. 지름은 작게는 15미터에서 크게는 38미터나 되었고, 높이는 15미터로 무려 5층 건물에 달하는 크기였다. 지금까지 이렇게 큰 탱크는 본 적이 없었다. 이 탱크들의 정체는 대체 무엇이었을까? 이곳은 그동안 잘 알려지지 않았던 석유비축기지였다. 건축가들은 40여 년 전 석유를 보관하던 거대한 탱크들을 완전히 새로운 공간으로 바꾸었다. 옛 산업유산이 문화 시설로 재탄생한 대표적인 예라고 할 수 있다.

40년 세월의 비밀 창고
석유비축기지의 역사는 1970년대로 거슬러 올라간다. 1970년대

갑자기 석유가 부족해지는 오일쇼크석유 가격이 크게 오르면서 생긴 경제 위기가 전 세계적으로 두 차례에 걸쳐 일어났다. 그러자 정부는 국민이 사용할 석유를 미리 모아 두기 위해 석유비축기지를 만들었다. 1979년 마포구 성산동에 드럼통 모양의 콘크리트 탱크 5개를 세우고 각각 T1, T2, T3, T4, T5 라고 이름을 붙였다. 전체 탱크를 합치면 서울 시민의 하루 석유 사용량인 131만 배럴을 거뜬히 담을 수 있었다.

그럼 석유 탱크들은 왜 땅속에 만들었을까? 정부는 누군가 석유를 훔치거나 탱크를 폭파하는 등 테러 행위에 대비하고자 했다. 그 방법으로 석유비축기지를 1급 보안 시설로 지정하면서 모든 탱크를 지하에 묻었다. 그러자 석유비축기지는 평범한 야산처럼 보였다. 그 앞을 지나다녀도 그곳에 무엇이 있는지 아무도 눈치채지 못했다.

20여 년의 세월이 흐른 뒤 석유비축기지는 문을 닫게 되었다. 계기는 2002년 한일 월드컵이었다. 상암동 월드컵경기장 옆에 있는 석유 시설에서 혹시 불이라도 나면 많은 관중이 크게 다칠 위험이 있었기 때문이다. 안전상의 이유로 2000년 11월 성산동의 석유 창고는 폐쇄되었고 남은 석유는 용인으로 옮겨졌다. 이후에는 별다른 활용 방안 없이 오랫동안 공터로 방치되었다.

현재 탈산업 시대에 와서 석유 탱크는 쓸모없어진 지 오래다. 시설이 낡고 쓸모없어졌다면 헐어 내야 할까? 그렇지 않다. 오히

건축가들은 40여 년 전 석유를 보관하던 거대한 탱크들을 완전히 새로운 공간으로 바꾸었다.

려 튼튼하고 독특한 탱크의 특징을 살려 현대에 맞는 새로운 시설로 재활용할 수 있다. 서울시는 석유비축기지가 없어지고 남은 자리를 어떻게 이용하는 것이 좋을지 공모전을 열었다. 당선작으로 <땅으로부터 읽어 낸 시간>이라는 작품이 뽑혔다. 땅속에 묻혀 있던 시설을 땅 위로 꺼내 다시 사용하자는 아이디어였다. 그렇게 해서 커다란 탱크들은 40여 년 만에 모습을 드러냈다.

탱크를 건물로 바꾼다고?

문화비축기지의 모든 건물은 원래의 탱크 형태를 유지한 채 만들어져서 매우 독특한 매력을 풍긴다. 100년의 세월도 견딜 만큼 튼튼한 탱크들은 제각각 특색 있게 재단장했다.

T1 파빌리온Glass Pavilion은 탱크를 해체한 뒤 유리로 된 벽과 지붕을 둘렀다. 덕분에 탱크 내부는 계절, 날씨, 시간에 따라 완전히 다른 분위기를 자아낸다. T2는 야외 공연장이 되었다. 탱크 위쪽에 자리하며 아래쪽은 실내 공연장으로 만들었다. T3은 원래 탱크 모습을 보존해 석유비축기지가 조성된 역사적 상황을 떠올려 볼 수 있게 했다. T4는 탱크 내부를 그대로 살린 복합 문화공간으로, T5는 석유비축기지의 역사를 보여 주는 이야기관으로 구성했다. T6는 T1과 T2를 철거하면서 나온 부자재로 새로 지었다. 이 공간은 카페와 커뮤니티센터 등으로 쓰이고 있다. 더하여 T0이라는 널찍한 문화마당이 있어서 공연장, 행사장, 장터 등으로

이용하고 있다.

또한 문화비축기지는 전기 대신 지열을 활용한 신재생에너지로 냉·난방을 하고, 생활하수와 빗물을 모아 생활용수로 재활용한다. 아파트를 비롯한 대부분의 건물은 상수도가 하나로 통일되어 있다. 주방과 화장실 모두 같은 상수도를 쓴다는 말이

다. 주방에서 쓰는 물은 먹는 물이므로 가장 깨끗하게 정수해야 하지만 화장실의 변기 물은 그 정도로 정수하지 않아도 된다. 상수도를 하나로 통일하는 것은 자원 낭비라고 할 수 있다. 문화비축기지는 상수도를 2개로 나누어 사용해 더욱 효율적이고 바람직하다. 가장 깨끗하게 정수한 물은 주방에 공급하고, 화장실 변기 물은 빗물이나 생활하수를 받아 간단히 정수한 중수를 이용한다.

문화비축기지가 과거에 석유를 저장하기 위해 만들어졌다. 전기를 생산하기 위해 만들어졌던 공간도 새롭게 개조하자는 논의가 있다. 2022년 문화창작발전소로 거듭날 서울화력발전소다.

버려진 공장이 갈 곳

일제 강점기이던 1930년 11월 당인리현재 서울 당인동에 국내 최초의 화력발전소가 지어졌다. 그때 일본은 평안도와 함경도 등 북쪽 지방에는 공업을, 평야가 많은 전라도와 충청도 등 남쪽 지방에는 농업을 육성하는 정책을 펼쳤다. 그래서 공장과 발전소도 주로 북한 지역에 지었다. 물살이 센 압록강 주변에는 수력발전소가 많았다.

서울에 전차가 생기면서 전기가 많이 필요해지자 전차 종점이 있던 마포에 석탄을 떼는 당인리 화력발전소가 세워졌다. 1930년에 전기량 1만 킬로와트를 공급하는 1호기가 지어졌고, 이어 1936년에는 1만 2,500킬로와트를 공급하는 2호기가 생겼다. 당시만 해도 당인리 화력발전소는 주로 서울 지역에 전기를 공급했고 나머지 전력은 북쪽에서 끌어다 썼다. 그런데 1948년 북한이 남한에 공급하던 전기를 완전히 끊어 버렸다. 그때부터 당인리 화력발전소는 수도권에 전기를 공급하는 가장 중요한 발전소가 되었다. 1969년부터 서울화력발전소로 이름도 바뀌고 발전기가 몇 대 더 지어지면서 1970년대에는 서울에서 쓰는 전기량의 75퍼센트를 감당했다. 이렇게 화려한 전성기가 있었지만 1980년대부터 원자력발전소가 곳곳에 지어지면서 서울화력발전소는 차츰 내리막길을 걷게 되었다. 기계와 시설도 점차 낡아 갔다.

시간이 흐르며 서울 도심에는 공장이나 발전소 같은 산업 시설이 점차 사라졌다. 서울화력발전소도 문을 닫은 이후 없어질 위기에 놓였다. 하지만 2000년대 들어 다른 용도의 건물로 리모델링해 사용하자는 여론이 생겼다.

공장 리모델링, 어렵지 않다

발전소 건물을 미술관으로 리모델링할 수 있을까? 상상이 잘 안 될 것이다. 의외로 발전소와 공장 같은 산업 시설은 개조하기가 쉽다. 주택과 다르게 천장이 높기 때문이다. 주택의 천장 높이는 보통 2.3~2.5미터이고 교실, 사무실, 상업 시설 등은 좀 더 높은 3~3.35미터 정도다. 산업 시설은 큰 기계가 들어가야 해서 그보다 훨씬 높다.

또한 산업 시설은 내부 공간을 나누는 벽이나 칸막이가 없다는 특징이 있다. 아파트는 공간을 구분하기 위해 벽을 많이 세우는데, 이 벽은 허물 수 없다. 아파트는 대부분 벽이 기둥 역할을 하는 벽식 구조로 만들어지기 때문이다. 그래서 인테리어 공사를 크게 한다고 해도 바닥재와 벽지를 바꾸고, 주방과 욕실을 고치고, 베란다를 넓히는 것이 최선이다. 벽을 없애 방 2개를 하나로 만드는 것은 불가능하다. 이와 달리 발전소와 공장의 넓은 내부는 얼마든지 새롭게 구성할 수 있다. 왜 그럴까?

아파트는 깍두기 노트와 비슷하다. 깍두기 노트에는 정사각형 칸이 그려져 있어 한 칸에 한 글자씩 쓰기에는 좋지만 자유롭게 필기하기에는 불편하다. 반면 공장은 거대한 도화지와 비슷하다. 도화지에는 무엇이든 마음대로 적고 그릴 수 있듯이 공장은 아파트보다 훨씬 자유롭게 공간을 활용할 수 있다. 건물의 수명도 길고 내구력도 뛰어나서 리모델링만 잘하면 얼마든지 다른 건물로 재활용할 수 있다.

건물도 재활용할 수 있다

우리보다 먼저 산업혁명을 경험한 유럽에서는 19~20세기 초에 지어진 공장과 발전소 건물을 재활용하는 경우가 많다. 유명한 예로 영국 런던의 테이트 모던Tate Modern Collection이 있다.

과거 런던의 템스강 부둣가에는 공장과 같은 산업 시설이 많았다. 20세기 초반까지 이곳은 선박 교통과 물류 산업의 중심지로 유명했다. 그러나 20세기 중반부터 산업 시설이 하나둘 도시 외곽으로 이전하면서 쇠퇴했다. 발전소와 공장이 많던 지역이 쇠락하자 노숙자가 몰려들었고, 슬럼화된 지역은 곧 큰 골칫거리가 되었다. 템스강 주변을 재개발하는 작업이 필요했다.

테이트 모던은 그중 오랜 기간 방치되었던 화력발전소를 미술관으로 리모델링한 건물이다. 길이 155미터, 폭 23미터, 층고 35미터로, 내부가 아주 큰 덕분에 미술관으로 수월하게 리모델링할 수 있었다. 이처럼 산업 시설을 미술관으로 개조하는 것은 유럽과 미국에서 크게 유행하고 있다.

석유를 저장하던 탱크는 이제 문화를 저장한다. 전기를 생산하던 발전소는 이제 문화를 생산하는 공간으로 재탄생한다. 두 사례의 공통점은 새 건물을 짓지 않고 기존 건물을 재활용한다는 것이다. 유리병 하나도 재활용하기 위해 분리수거를 한다. 그런데 그 몇만 배 크기의 건물을 쓸모가 다했다고 해서 철거해 버리는 것은 심각한 자원 낭비다. 철거를 먼저 결정하기보다 새로운 시설로 활용할 고민을 해야 한다. 헌 그릇도 깨끗이 비우고 새로운 것을 담으면 다시 새 그릇이 될 수 있다. 자원 재활용resources recycling이 중요한 키워드로 떠오르는 요즘, 지난 세기의 산업유산을 다시 재활용한다는 점에서 두 건물은 의미가 있다.

동물원
: 동물이 행복한 집

기린, 사슴, 코끼리, 공작새 등 각종 동물이 모여 있는 동물원은 많은 사람이 좋아하고 즐겨 찾는 공간이다. 오늘날 동물원은 동물들이 본래 살던 서식지와 비슷한 환경에서 편안하게 살아가게 하고자 한다. 그래서 동물원 건축은 동물을 위한 집을 짓는 일과 같다. 그럼 동물이 어떤 환경을 좋아하는지, 어떤 집에서 살고 싶어 하는지는 어떻게 알 수 있을까?

동물원은 처음부터 동물원이었을까?

동물원이 생기기 전 17~18세기 유럽에서는 미술품뿐만 아니라 이국의 동물을 수집해 전시하는 풍습이 유행했다. 이때 생겨난 것이 미네저리다. 유럽의 나라들은 그들의 힘을 증명하기 위해 진귀한 동물들을 찾아 전 세계를 샅샅이 들추었다. 인도 숲속에 사는 공작새, 열대 우림에 사는 앵무새, 사막에 사는 낙타, 남극에 사는 펭귄 등을 잡아 유럽으로 옮겨 왔다. 전혀 다른 기후와 환경에서 살던 많

미네저리Menagerie

개인이나 나라가 부와 권력을 과시할 목적으로 만든 동물 수집관. 무생물인 예술품보다 살아 있는 동물을 키우고 관리하기가 더 어렵다는 이유에서 동물을 전시용으로 수집했다. 미네저리는 신분이 높은 이들만 관람할 수 있었다.

은 동물은 유럽에 살게 되면서 안타깝게도 낯선 기후에 적응하지 못해 일찍 죽기도 했다.

유럽의 미네저리 중 가장 유명했던 곳은 프랑스 베르사유 궁전Château de Versailes에 있던 미네저리다. 이곳을 아무나 구경할 수는 없었다. 왕족과 초대받은 귀족들만이 볼 수 있었다. 하지만 그다지 오래가지는 못했다. 1789년 프랑스혁명이 일어났기 때문이다.

19세기에는 유럽 곳곳에서 왕실 미네저리가 동물원으로 문을 열었다. 특권층만 즐기던 공간을 국민 누구나 관람할 수 있게 공개한 것이다. 19세기는 시민계급과 중산층이 등장하면서 이들이 새로운 소비 계층으로 떠오르던 시기였다. 또한 사진, 잡지, 만화, 박물관, 도서관 등 새로운 볼거리로서의 시각 문화가 널리 퍼지던 시기였다. 동물원도 마찬가지였다. 이러한 흐름에서 런던 동물원1828년, 암스테르담 동물원1843년, 베를린 동물원1844년 등 지금까지 운영되고 있는 동물원들이 생겨났다.

동물을 위한 공간이 되기까지

우리나라에 처음 생긴 동물원은 어디일까? 1909년 11월 1일에 문을 연 창경원이다. 창경원은 원래 창경궁이었다. 일제 강점기에 창경궁 안에 동물원과 식물원을 만들면서 이름이 창경원으로 격하되었다. 이는 조선 황실의 권위와 정통을 훼손하기 위한 일제의 책략이었다. 하지만 동시에 창경원은 궁궐이 시민공원으로 거듭난 사례이기도 하다. 창경원은 광복 이후에도 오랫동안 시민에게 즐거움을 주는 장소였다. 1983년 창경원을 다시 창경궁으로 복원하는 공사가 시작되었다. 1984년에는 창경원에 있던 동물들이 새로 개장한 과천 서울대공원으로 옮겨 가면서 본격적인 동물원의 시대가 열렸다.

창경원은 궁궐을 동물원으로 급히 바꿔 만드느라 공간이 좁고 관람 동선도 효율적이지 않았다. 특히 사자, 곰, 호랑이, 기린, 코끼리 등 몸집이 큰 동물들이 살기에는 몹시 괴로운 곳이었다. 이들은 마음껏 뛰놀 수 있는 넓은 공간이 필요한데, 좁은 철창 안에 가둬 놓았으니 그 괴로움은 상당했을 것이다. 반면 서울대공원은 우리나라에서 가장 큰 국립 동물원이다. 약 260여 종 2,400여 마리의 동물이 살아가고 있다. 1909년 창경원으로 처음 동물원의 문을 열고, 1984년 서울대공원으로 거듭나기까지 동물원의 규모만 커진 것이 아니다. 75년의 세월 동안 동물원의 역할과 목적도 바뀌었다. 과거에 동물원은 동물을 재미있는 구경거리로 삼았다.

하지만 오늘날 동물원은 멸종 위기의 동물을 보호하고 지구에 살아가는 생물의 다양성을 유지하는 것을 목적으로 한다. 더 이상 동물을 좁은 철창이나 유리벽에 가둬 두지 않는다. 원래 자신들이 살던 곳과 비슷한 환경으로 꾸민 공간에서 살아가게 한다.

동물이 원하는 집을 짓다

집 한 채를 짓기 위해 건축가는 집주인과 많은 대화를 나눈다. 방은 몇 개를 만들지, 집의 방향은 어디로 할지, 서재, 음악실, 영화 관람실 등 특별히 원하는 방이 있는지 등 충분한 의사소통을 통해 집주인 마음에 꼭 드는 집을 완성한다. 그럼 동물을 위한 집은 어떻게 지어야 할까? 동물과 말이 통하지 않는 상황에서 어떻게 그들이 원하는 바를 알고 집을 지을 수 있을까?

가장 좋은 방법은 사육사와 이야기를 나누는 것이다. 동물에 관해 가장 잘 알고 있는 그들과의 대화를 통해 동물이 무엇을 좋아하는지 알아내야 한다. 이를테면 진흙 목욕을 좋아하는 코뿔소 우리 안에는 진흙탕을 마련한다. 반대로 동물이 싫어하는 것으로 철창과 유리벽 같은 가림막을 대신할 수 있다. 절벽이나 도랑을 만드는 것이다. 초원에 살던 기린은 우리 주변에 울퉁불퉁한 자갈밭을 만들어 놓으면 그곳을 밟으려 하지 않는다.

동물이 싫어하는 것으로 철창과 유리벽 같은 가림막을 대신할 수 있다.

동물원 건축의 핵심은 세 가지 동선

동물원에는 동물만 있는 것이 아니라 사람도 있다. 그렇기에 사람에게도 편리하고 안전한 시설이 되어야 한다. 동물원에 출입하는 사람은 크게 사육사^{동물원 관리 직원 포함}와 관람객으로 나뉜다. 동물, 사육사, 관람객이라는 서로 다른 세 가지 동선을 프로그래밍하는 것이 동물원 건축의 핵심이다. 프로그래밍이란 공간의 주된 사용자와 공간에서 주로 일어나는 행위를 파악해 동선을 정한 뒤 그 동선에 맞춰 공간을 설계하는 것을 말한다.

동물원에서 동물을 가장 가까이하는 것은 사육사다. 가끔 사육사가 동물에게 공격당해 다치거나 사망하는 일도 생기므로 안전을 가장 먼저 생각해야 한다. 동물 우리 안에 사육사가 급히 대피할 수 있는 공간을 마련해야 하고, 혹시라도 동물이 우리를 벗어나지 않도록 이중문도 설치해야 한다. 드문 일이지만 사자나 호랑이 같은 맹수가 사육사를 공격하거나 우리를 탈출하면 관람객과 인근 주민의 안전을 위해 사살하기도 한다. 최악의 사태가 벌어지지 않도록 사람에게나 동물에게나 안전한 환경을 만들어야 한다.

동물원에서 가장 많은 수를 차지하는 관람객의 동선도 생각해야 한다. 사육사는 동물원이라는 공간에 익숙하지만 관람객은 그렇지 못하다. 동물원뿐만 아니라 큰 공간에 불특정 다수의 사람이 방문하는 곳, 예를 들어 쇼핑몰, 백화점, 박물관 등 넓은 공간에서는 사람들이 길을 잃지 않도록 하는 것이 가장 중요하다.

관람객의 동선을 정하는 몇 가지 방법이 있다. 첫 번째는 동물원을 놀이공원처럼 구성하는 방법이다. 입구 쪽에 기린, 사슴, 공작새처럼 순하고 예쁜 동물을 두고, 안쪽에 사자나 호랑이 같은 맹수를 둔다. 기승전결이 있는 드라마틱한 구성이라고 할 수 있다. 두 번째는 이국의 진귀한 동물을 전시한다는 동물원의 초기 목적에 따라 동물을 대륙별로 구성하는 방법이다. 동물원을 몇 개의 지역으로 나누어 아시아, 아프리카, 아메리카 등 서식지에 따라 동물을 둔다. 이 밖에 동물을 백과사전처럼 포유류, 양서류, 파충류, 영장류 등으로 종별로 나누어 구성하는 방법도 있다.

동물은 익숙한 공간에서 행복하다

언젠가 책에서 동물원을 설계한 건축가의 이야기를 읽은 적이 있다. 그 건축가는 자신이 설계한 동물원에서 동물들이 과연 행복한지 궁금했다. 동물이 어떤 환경을 좋아하고 싫어하는지 동물과 직접 이야기를 나눌 수 없기 때문이다. 그러던 어느 날 건축가는 놀라운 이야기를 듣는다. 새로 지은 동물원으로 이사한 뒤 자연번식을 통해 새끼를 낳는 동물이 더러 있다는 것이다.

원래 동물은 환경이 바뀌거나 불안하면 짝짓기를 하지 않는다. 그래서 동물원에서는 흔히 자연번식보다 인공수정이 일어난다. 새로 지은 동물원에서 자연번식으로 새끼를 낳은 동물이 있다면,

그곳 환경이 동물의 본래 서식지와 닮았을 확률이 높다. 동물은 익숙한 공간에서 편안함과 안정감을 느끼기 때문이다. 건축가에게 가장 기쁜 순간은 아마도 자신이 설계한 집에 사는 이가 행복해할 때일 것이다. 그것이 동물이라도 말이다.

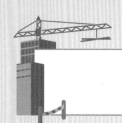

진로 찾기 **건축사**

커다란 제도판 앞에 앉아 와이셔츠의 소매를 반쯤 걷어 올린 채 건물 스케치를 하는 사람. TV 드라마나 영화 속에서 건축가는 흔히 이런 모습으로 묘사된다. 정확히 말하면 '건축사'라고 하는 것이 맞다. 건축사는 건물의 설계를 담당하고, 건물이 잘 지어지고 있는지 감독하는 일을 한다. 건축가와 건축사를 혼동하기 쉬운데, 건축가란 건축에 관련된 일을 하는 사람을 넓게 이르는 말이다. 건축설계사도 정확한 명칭이 아니다.

건축사가 되려면 먼저 5년제 대학이나 대학원에서 건축학을 공부해야 한다. 건축은 학교에서 배우는 지식 못지않게 현장에서 배우는 실무 경험이 중요하다. 그래서 학교를 졸업한 이후에 몇 년간 건축설계사무소나 건설 회사에 근무하면서 각종 건축 이론과 건축 관련 법, 건축 설계, 건축 CAD케드 프로그램, 조경 설계 등의 많은 실무 지식을 익혀야 한다. 경험이 있다고 건축사가 될 수 있는 것은 아니다. 국토교통부가 주관하는 건축사 자격시험에 합격해야 한다. 시험은 필기와 실기로 나뉘는데, 필기에 붙어야 실기를 볼 자격이 주어진다. 실기에서는 정해진 시간 안에 실제 설계 도면을 작성하게 된다. 실기시험까지 합격하면 드디어 건축사로 활동할 수 있는 자격증이 주어진다.

건축사가 되면 건축설계사무소를 열고 건물을 설계하는 일을 맡게 된다. 집을 짓고자 하는 사람인 건축주가 건축 설계를 의뢰하면 그때부터 설계 작업을 시작한다. 가장 먼저 건축주의 요구 조건, 집을 지을 장소, 건물의 용도, 공사비 등을 생각해서 대략적인 스케치를 한다. 그다음 실제 도면을 그리는 기본설계를 하고, 건물의 모형을 제작해서 건축주와 의견을 나눈다. 이 과정을 통해 초기 설계안은 수정을 거치게 된다. 그렇게 만들어진 설계안을 건축주가 승낙하면 설계가 확정되고 이후 실시설계에 들어간다.

건축 설계는 크게 계획설계, 기본설계, 실시설계 단계로 나뉜다. 계획설계 도면에는 방이 몇 개인지, 몇 층짜리 건물인지 등을 일반 사람들도 쉽게 알 수 있도록 그려 나타낸다. 공인중개사 사무소나 아파트 모델하우스에 가면 있는 주택의 평면도와 비슷하다. 실제로 건물을 지으려면 더 많은 것을 고려해야 한다. 이때 기본설계가 이루어진다. 기본설계 도면에는 건축의 구조는 무엇으로 하고, 재료는 어떤 것을 사용할지, 전기선과 보일러, 상하수도 등은 어떻게 놓을지 등 좀 더 구체적인 내용을 담아 그린다. 끝으로 기본설계 도면을 바탕으로 현장에서 건물을 지을 때 적용하는 것이 실시설계 도면이다. 여기에는 벽 두께, 천장 높이, 건축 자재, 구체적인 시공 방법 등 보다 자세한 내용을 담는다.

도면이 완성되면 구청서울의 경우 해당 구청이나 시청지방 도시의 경우 해당 시청의 건축과에 가서 허가를 받아야 한다. 건축해도 된다는 허가가 떨어지면 시공사를 선정하고 실제로 건물을 짓는 단계에 돌입한다. 건축사는 최종적으로 준공 검사건물을 설계에 따라 만들었는지를 검사하는 일를 마친 뒤 건축주가 입주하기까지 모든 과정을 총괄하고 책임진다.

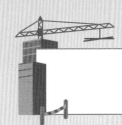

진로 찾기 **모형 제작자**

아파트를 분양하는 현장에 가면 제일 먼저 눈에 띄는 것이 있다. 바로 아파트를 모양 그대로 축소해 만든 모형이다. 건축 모형을 따로 만드는 이유는 무엇일까? 설계 도면만으로는 충분하지 않기 때문이다. 종이에 그린 설계 도면은 2차원이고, 실제 건물은 3차원이다. 이 둘 사이의 틈을 좁히기 위해 모형을 만드는 것이다. 또한 모형이 있으면 건물을 짓기 전에 완성될 모습을 입체적으로 파악할 수 있다. 건축주의 이해를 돕는 데도 중요한 역할을 한다.

건축 모형은 대개 1/100 또는 1/200 등의 축척으로 만들며, 규모가 큰 건물은 1/500 축척으로 만들기도 한다. 아주 작게 만들면서도 실제 모습을 구현해야 하므로 섬세한 작업이 필요하다.

모형의 종류에는 두 가지가 있다. 설계 과정에서 만드는 스터디 모형과 최종 설계안과 함께 제출하는 완성 모형이다. 스터디 모형은 주로 건축설계사무소에서 제작하며, 간단한 형태로 만들어서 매스 모델mass model이라고도 한다. 반면 아파트 분양 현장에 두는 모형은 창문과 출입문은 물론이고 나무, 자동차, 사람 모형까지 정교하게 만든다. 이는 복잡하고 손이 많이 가는 작업이라서 모형 제작소에 따로 의뢰하고는 한다.

모형 제작자모델러가 되는 방법이 정해져 있는 것은 아니다. 다만, 설계 도면을 바탕으로 모형을 제작해야 하므로 도면을 보고 이해할 수 있는 능력을 갖추어야 한다. 건축을 공부한 사람이 유리하겠지만 대학을 졸업하지 않아도 된다. 특성화 고등학교에서 건축을 공부한 경우도 가능하다. 이후 모형 제작소에 취직해서 선배를 보고 배우는 과정을 거치게 된다.

요즘은 설계 기술이 발달해서 비정형 건물도 많이 지어지고 있다. 비정형 건물은 도면만 봐서는 실제 모습을 파악하기 어렵기 때문에 반드시 모형을 만들어야 한다. 그래서 앞으로 모형 제작자에 대한 수요도 늘어날 것으로 예상된다.

2장

생활이 보이는
건축

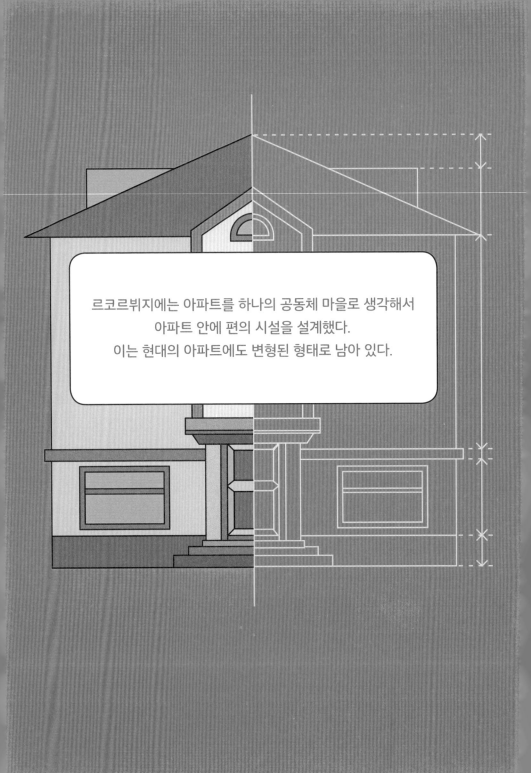

르코르뷔지에는 아파트를 하나의 공동체 마을로 생각해서
아파트 안에 편의 시설을 설계했다.
이는 현대의 아파트에도 변형된 형태로 남아 있다.

아파트
: 도시의 마을 공동체

도시에 살면서 가장 많이 보는 건물은 아파트다. 우리나라에서 아파트는 이제 국민 주택이자 대중 주택이 되었다. 그렇다면 아파트는 과연 언제 처음 생겨났을까? 여러 채의 집을 층층이 포개서 고층으로 쌓아 올리겠다는 생각을 가장 먼저 한 사람은 누구였을까?

땅을 가장 효율적으로 쓰는 방법

현대적인 아파트의 역사는 20세기 초 프랑스에서 시작되었다. '현대 건축의 아버지'라고 불리는 르코르뷔지에는 화려하고 유명한 건축뿐만 아니라 서민 주거인 공동 주택에도 관심을 기울였다. 그는 아파트에 '녹지 위의 고층 주거Tower in the park'라는 개념을 적용했다.

건물을 지으려면 땅을 차지해야 한다. 땅이란 한정된 자원이자 공기, 바람, 햇빛, 물과 같이 어느 누가 독점할 수 없는 모두의 것이다. 그런데 개개인이 땅을 차지해 단독 주택을 짓고, 거기에 담장까지 둘러 정원으로 쓰다 보면 어떻게 될까? 끝내 모두가 공유하는 땅은 없어지고 만다. 이러한 문제를 극복하기 위해 단독 주택 대신 고층 아파트를 짓되 나머지 땅은 공원으로 만들어 공공이 누릴 수 있게 하자는 것이 '녹지 위의 고층 주거'였다. 1만 평의 땅이 있고 100가구의 집이 있다고 가정해 보자. 모든 가구가 단독 주택을 짓는다면 1가구당 100평 정도의 땅이 있어야 하고, 결과적으로 1만 평의 땅은 전부 개인의 단독 주택 부지로 쓰이게 된다. 그런데 한 층당 10가구가 살 수 있는 10층짜리 아파트를 한 동 짓는다면 어떻게 될까? 건축에 필요한 땅은 1,000평 정도이고, 나머지 9,000평은 모두 녹지 공간으로 만들 수 있다.

아파트 단지의 시초를 찾아서

르코르뷔지에 뜻에 따라 1952년 프랑스의 항구도시 마르세유에 유니테 다비타시옹Unité D'habitation이라는 아파트가 지어진다. 프랑스어로 '주거 단위'를 뜻하는, 총 337가구가 거주할 수 있는 12층 아파트였다.

제2차 세계대전 직후였던 당시 유럽은 주택 부족을 겪고 있었다. 어느 때보다 고층 아파트가 절실한 상황이었다. 프랑스 정부

는 전쟁으로 파손된 주택 문
제를 해결하기 위해 르코르
뷔지에에게 프로젝트를 의
뢰했다. 유니테 다비타시옹
은 그 결과물이다. 아파트 건
물 1층을 필로티로 받쳐 지

면에서 약 7미터 들어 올렸고, 주변은 녹지 시설로 둘러쌌다. 이
는 커다란 아파트를 지으면서도 필로티 외에는 그 어느 것도 땅
을 차지하지 않도록 하기 위한 방안이었다.

또한 르코르뷔지에는 아파트를 하나의 공동체 마을로 생각해
서 아파트 안에 편의 시설을 설계했다. 식료품점, 식당, 카페 등
각종 상점과 사무실을 두었고, 옥상에는 유치원과 어린이 놀이터
를 비롯해 체육관, 수영장, 옥상정원을 설치했다. 이는 현대의 아
파트에도 변형된 형태로 남아 있다. 아파트 단지를 하나 떠올려
보자. 단지에 아파트만 있을까? 편의점, 세탁소 등 상업 시설과
함께 놀이터, 유치원, 초등학교 같은 교육 시설도 들어서 있다. 그
시초가 바로 르코르뷔지에의 유니테 다비타시옹이었다.

우리나라에 아파트가 많은 이유

우리나라 아파트의 역사는 100년이 채 되지 않는다. 아파트가
처음 지어진 시기는 일제 강점기였던 1930년대였다. 국내 최초

의 아파트인 미쿠니 아파트는 조선에 사는 일본인 등 외국인을 위한 숙소로 쓰였다. 한 층으로 된 집만 봐왔던 사람들에게 아파트는 큰 충격이었을 것이다.

이제 아파트는 우리나라에서 가장 일반적인 주거 형태가 되었다. 유럽에서 아파트는 노동자들이 사는 주택이라는 인식이 강하지만, 우리나라에서는 중산층 주택이라는 이미지가 있다. 아파트가 짧은 기간에 전국 각지에 지어지고 중산층 주택으로 자리매김하는 일은 흔치 않다. 그 배경에는 몇 가지 이유가 있었다.

1960~1970년대 급속한 경제 발전이 이루어지면서 아파트가 지어지기 시작했다. 이때 아파트가 현대적이고 편리한 중산층 주거라는 인식이 처음 생겨났다. 아파트가 10층 이상으로 고층화되자 새로운 주거 시설들이 등장했다. 엘리베이터, 테니스장, 녹지 시설, 상가, 초등학교 등이 아파트와 함께 들어섰다. 1970~1980년대부터는 본격적으로 대단지 아파트가 건설되었다. 1964년 완공된 마포아파트 단지를 시작으로 여의도, 반포, 잠실 등 주로 한강 변에 많은 아파트가 단지 형태로 지어졌다. 여의도시범아파트[1971년 완공], 반포주공아파트[1973년 완공], 잠실주공아파트[1978년 완공] 등이 그 예다.

1990년대에는 서울의 인구가 더욱 늘어나면서 일산, 분당 등에 신도시가 개발되었다. 논밭이던 땅이 10만 명을 수용할 수 있는 규모의 도시로 탈바꿈했다. 또한 1990년대 후반~2000년대

도시에 살면서 가장 많이 보는 건물은 아파트다.

초반에는 아파트 단지에 브랜드 이름을 붙이는 유행이 생겼다. 이런 풍조는 1997년 IMF 외환위기의 영향으로 생겨났다. 당시 경제가 침체되자 아파트 분양 시장도 위축되었다. 건설사는 이를 극복할 돌파구를 찾았고, 브랜드 이름을 앞세우는 고급화 전략을 내걸었다. 이때부터 아파트는 브랜드 이름으로 불리기 시작했다. 그리고 그즈음 초고층 주상복합이라는 새로운 주거 형태가 나타났다. 브랜드 아파트와 초고층 주상복합의 등장은 아파트가 고급화되는 계기를 마련했다. 그 결과 우리나라는 전 세계에서 아파트가 가장 성공적으로 자리 잡은 나라가 되었다.

화재 대비 시설의 역사

모든 아파트에는 각 세대마다 발코니balcony가 설치되어 있고 이웃 세대와는 경량 칸막이로 막혀 있다. 만약 집에 불이 난다면 발코니로 대피한 후 창문을 열고 사다리차가 올 때까지 기다리는 것이 원칙이다. 발코니에서 아래를 내려다보면 노란색으로 표시된 소방차 전용 구역이 보일 것이다. 화재가 발생하면 소방차가 주차하는 공간이다. 이곳에 소방차가 아닌 차가 주차를 했다가는 과태료를 최고 100만 원까지 내야 한다. 이러한 화재 대비 시설에 관한 건축 법령은 그 역사가 매우 길다. 무려 고대 로마 시대까지 거슬러 올라간다.

고대 로마의 부자들은 도무스Domus라는 단독 주택을 짓고 살았다. 안마당이 2개나 있는 상당히 큰 집이었다. 그런데 국제도시로 발전한 로마에 사람들이 몰리면서 점차 도무스를 세주는 사람이 많아졌다. 처음에는 도무스의 일부를 개조해서 세를 주다가 나중에는 아예 세를 더 많이 받으려는 목적으로 지은 집이 생겨났다. 이것이 바로 최초의 아파트인 인술라Insula다.

인술라에는 주로 가난한 사람들이 살았는데, 내부가 좁고 열악했으며 단칸방도 많았고 공용 화장실을 두기도 했다. 제대로 된 주방이 없어서 조그만 화로로 요리를 하다가 불이 나는 일도 많았다. 그야말로 불이 나면 크게 번지기 쉬운 환경이었다. 64년 8월에 발생한 로마 대화재는 열악한 주거 환경이 부채질을 한 것이나 다름없다. 불은 열흘 동안 로마의 절반을 태워 버렸다.

네로 황제는 로마를 재건하면서 몇 가지 건축 법령을 세우고 재개발을 실시했다. 도시 곳곳에 소방도로를 만들었으며 상하수도를 개선했다. 또한 건축법을 정비했다. 건물을 지을 때는 불에 타기 쉬운 목재를 사용하지 못하게 했고, 그 대신 돌이나 벽돌, 콘크리트를 쓰도록 했다. 인술라를 지을 때는 건물이 무너지는 것을 막기 위해 70피트약 20미터로, 7층 건물 정도의 높이 이하로 높이를 제한했으며, 불이 옆 건물로 번지는 것을 막기 위해 30피트약 10미터 이상의 이격거리離隔距離, 건물 사이의 공간를 두도록 했다. 그리고 불이 났을 때 이웃집으로 대피할 수 있게 발코니를 만들었다. 소방도로, 내화구조화재 시 가장 안전한 건축 구조, 건물의 높이 제한, 이격거리는 오늘날

에도 존재하는 건축 법령이다. 로마 시대부터 지금까지 화재를
예방하기 위해 지키고 있다.

초고층 주상복합
: 불가능에 도전하는 건축

2000년대 초반 서울 강남에 이름부터 낯선 아파트들이 등장한다. '탑처럼 높이 솟은 궁전'이라는 뜻의 타워팰리스, '높은 곳을 달리는 자'라는 뜻의 하이페리온, '높은 마을'이라는 뜻의 아크로빌 등 한결같이 '높다'는 것을 강조하고 있었다.

이 아파트들의 정체는 무엇일까? 바로 초고층 주상복합이다.

초고층 건물이 무너지지 않으려면

초고층 건물은 높이가 200미터 이상이거나 50층 이상인 건물을 말한다. 이렇게 크고 높은 건물을 지을 때는 건물이 무너질 위험까지 고려해야 한다.

초고층 건물에 영향을 미치는 힘에는 두 가지가 있다. 위에서 아래 방향으로 가해지는 힘인 수직 하중과 가로 방향으로 가해지는 힘인 수평 하중이다. 수직 하중은 고정 하중_{건물 자체의 무게}과 적재 하중_{건물 안의 사람과 사물의 무게}을 합한 것이다.

고대 건축에는 수직 하중을 견디는 건물의 구조가 많았다. 우리나라의 고인돌, 영국의 스톤헨지^{Stonhenge}, 이집트의 피라미드, 그리스의 파르테논^{Parthenon}이 그 예로, 모두 돌을 깎아 만든 건축물이다. 수직 하중을 견디기 위해서는 돌처럼 튼튼한 재료로 건물을 지어야 했다. 하지만 이보다 높은 건물을 지으려면 돌보다 가벼우면서 돌만큼 무게를 견딜 수 있는 재료가 필요했다. 이때 등장한 것이 고층 건물에 사용하는 철근 콘크리트다.

그러나 철근 콘크리트로는 200미터가 넘는 초고층 건물을 지을 수 없다. 철근 콘크리트보다 더 가볍고 강한 재료가 필요했다. 철근 콘크리트 구조를 대신한 것은 무엇일까? 바로 철강을 주로 사용한 철골 구조와 철골 구조에 콘크리트를 보강한 철골 철근 콘크리트 구조다.

지진과 바람을 견디는 방법

앞서 말했듯이 초고층 건물은 가로 방향으로 가해지는 힘인 수평 하중의 영향도 받는다. 나무 블록 쌓기 놀이를 생각하면 그 이유를 쉽게 이해할 수 있다. 열심히 쌓아 올린 블록 탑이 순식간에 무너졌다면, 그것은 바닥이 내려앉아서가 아니다. 누군가가 옆에서 블록 탑을 밀었기 때문이다. 여기서 블록 탑은 초고층 건물과 같다. 건물 높이가 200미터 이상이 되면 지진이나 바람은 건물에 치명적일 수 있다.

바람에 건물이 무너질 수 있다는 사실이 의아할 것이다. 태풍이 불 때 잔디는 바람에 흩날려도 뽑히지는 않는다. 하지만 큰 나무나 전봇대는 크게 흔들리지 않지만 심하면 부러지기도 한다. 이처럼 건물도 높이가 높을수록 바람의 영향을 크게 받는다. 그럼 바람과 지진으로부터 안전한 건물이 되려면 어떻게 해야 할까?

첫째, 건물의 형태는 판상형일자형이 아닌 탑상형타워형이어야 한다. 아파트는 모든 세대를 남향으로 배치하기 위해 판상형으로 짓는 경우가 많지만, 초고층 건물은 이렇게 지으면 바람에 쓰러지기 쉽다. 직사각형보다는 길쭉한 원기둥이나 사각기둥 형태가 훨씬 안전하다. 최근에 지어진 100층 이상의 초고층 건물만 보더라도 전부 높다란 탑처럼 생겼다는 것을 알 수 있다.

둘째, 바람이 불거나 지진이 일어났을 때 충격과 함께 약간씩 흔들리는 구조여야 한다. 버드나무나 대나무는 거센 바람이 불어도 휘어질 뿐 결코 부러지지 않는다. 이 원리를 건축에 적용한 초고층 건물은 바람이 세게 불면 바람을 타고 조금씩 흔들리게 지어진다. 한편 지진처럼 순간적으로 강한 충격이 생길 때를 대비해 건물 내부에 동조질량댐퍼를 설치하기도 한다.

> **동조질량댐퍼** tuned mass damper
>
> 건물 꼭대기에 질량이 큰 추를 달아 외부 충격에 맞서 건물이 중심을 잡게 하는 장치. 초고층 건물에 흔히 설치되며, 건물에 진동이 발생했을 때 콘크리트 추가 움직이면서 진동을 억제하는 힘을 일으킨다. 동조질량댐퍼가 처음 설치된 곳은 1977년에 지어진 뉴욕의 시티그룹 센터 Citigroup Center 건물이다. 가로세로 각 9미터, 높이 1.8미터, 무게 400톤에 달하는 콘크리트 추를 63층 높이에 두었다.

간혹 아주 예민한 사람은 초고층 건물 안에 있을 때 건물이 바람에 따라 미세하게 흔들리는 것을 느끼기도 한다. 그러다 보니 초고층 건물은 아파트 같은 주거 공간으로는 알맞지 않는다는 인식이 강했다. 가정에는 어린이나 노약자 또는 중증질환이나 심신장애를 앓는 사람도 있을 수 있다. 그렇기에 집은 훨씬 더 안전한 공간이어야 한다.

하지만 2000년대 초반에 50~100층 높이의 아파트가 등장한다. 초고층 건물은 집이 될 수 없다는 오랜 인식을 단번에 깨버린 것이다. 초고층 아파트는 등장과 함께 크게 주목받았다. 어디서나 눈에 띄는 건물의 높이와 넓은 평수 덕분이었다.

주거와 상업 시설을 한곳으로

주상복합이란 한 건물 안에 주거와 상업 시설이 함께 있는 것을 말한다. 일반적으로 낮은 층에는 상점, 병원, 사무실 등을 두고, 그 위 층수부터는 주거 공간으로 구성한다. 그야말로 주상복합에 살면 살아가는 데 필요한 모든 것을 한곳에서 해결할 수 있다.

도시 주거가 발달한 유럽에서 주상복합은 일찍이 뿌리내렸다. 프랑스 파리에서 생겨난 7층짜리 아파르트망appartement은 1층은 상점이고, 2~7층은 서로 다른 세대가 사는 공동 주택이다. 대표적인 주상복합이라고 할 수 있다. 우리나라에 대단지 아파트가 흔하듯이 파리에는 아파르트망이 시내를 빽빽하게 뒤덮고 있다. '아파트'라는 말은 파리의 아파르트망에서 비롯된 것이다.

강남에 60층 아파트가 생긴 이유

젊을 때부터 유럽의 여러 도시를 경험한 이승만 대통령은 '우리도 유럽처럼 주상복합을 짓는 것이 좋겠다'라는 지시를 내렸다고 한다. 그 결과 1958년 서울역 앞에 한국 최초의 주상복합이라고 평가받는 관문빌딩이 세워졌다. 뒤이어 1966년에는 종로3가에 세운상가아파트가, 1968년에는 인사동에 낙원상가아파트가 지어졌다. 주상복합이 처음 지어졌을 때는 큰 관심을 받으며 주로 중산층이 들어와 살았다. 그러나 1970~1980년대부터 대단지 아파트가 건설되기 시작하면서 주상복합의 인기는 사그라들었다. 더구나 1960년대에 지어진 주상복합은 대체로 평수가 작았기 때문에 중산층 거주자들이 하나둘 떠나갔다.

1990년대에는 수도권 신도시를 중심으로 대단지 아파트가 많이 지어졌다. 이런 대단지 아파트는 단지 안에 공원, 산책로, 초등학교, 각종 상점과 편의 시설을 조성했다. 그런데 서울은 아파트

도시 주거가 발달한 유럽에서 주상복합은 일찍이 뿌리내렸다.

단지를 만들 만한 넓은 부지를 구하기가 어려웠다. 좁은 땅에서 고급스러운 아파트 단지를 재현하려면 새로운 방법이 필요했다. 이때 등장한 아이디어가 초고층 주상복합이다.

주상복합에는 한 가지 문제가 있었다. 한 건물 안에 주거와 상업 시설이 함께 있으면 입주민의 사생활이 보호받기 어렵다. 상업 시설은 누구나 드나들 수 있는 공간이기 때문이다. 이때 두 공간을 분리할 목적으로 만들어진 것이 공용현관과 입주민 전용 로비다. 이러한 시설은 집의 대문 역할을 하고 입주민을 보호하지만, 사람들에게 위화감을 주기도 한다.

2000년대 초반 서울 강남에 초고층 주상복합이 지어지고 약 20년의 세월이 흘렀다. 세간의 관심을 받으며 등장한 초고층 주상복합은 현재 전국적으로 크게 유행하지는 않지만 그 가치는 분명하다. 사무용 건물에 알맞다고 알려진 초고층 건물을 주택으로 만들었고, 주거와 상업 시설을 한 건물 안에 넣는 주상복합을 활용했다. 대단지 아파트와는 구분되는 아파트의 다양성을 보여 주었다고 할 수 있다.

초고층 건물, 얼마나 더 높아질까?

현대 고층 건물의 건축 양식은 1870년대 미국 시카고에서 시작되었다. 여기에는 어떤 배경이 있었는지 살펴보자. 1871년 시카고에 역사상 가장 큰 화재가 발생한다. 이 화재로 무려 1만 7,000여 건물이 불에 타 사라졌다. 건물 대부분이 나무로 지어져 피해가 컸다. 시카고는 대화재 이후 도로망을 정비하고 새 건물을 지어야 했다. 그런데 경제 성장과 함께 땅값이 치솟아 건물을 고층으로 올릴 수밖에 없는 상황에 놓였다. 그전까지 건물은 10층 정도의 높이로 지어졌지만 대화재 이후 더 높은 건물을 짓기 시작했다. 물론 이것은 여러 가지 조건이 뒷받침되었기에 가능한 일이었다. 고층 건물은 벽돌이나 콘크리트보다 훨씬 더 많은 무게를 지탱할 수 있는 철을 이용해 지어야 했고, 엘리베이터도 필요했다. 18세기 후반 산업혁명으로 기술이 발달한 덕분에 이 모든 것을 실현할 수 있었다.

200미터가 넘는 초고층 건물의 시대는 1920~1930년대 미국 뉴욕에서 열렸다. 울워스 빌딩Woolworth Building, 1913년, 241미터, 57층, 맨해튼 트러스트 은행 빌딩Bank of Manhattan Trust Building, 1930년, 283미터, 71층, 현재 이름은 '40 월 스트리트', 크라이슬러 빌딩Chrysler Building, 1930년, 319미터, 77층, 엠파이어 스테이트 빌딩Empire State Building, 1931년, 381미터, 102층 등이 앞다투어 세워졌다. 1970~1980년대부터는 미국보다 아시아와 중동 국가에서 주로 초고층 건물이 지어졌다. 한국의 63빌딩1980년, 250미터, 60층과 일본 도쿄의 선샤인 60 빌딩Sunshine 60, 1978년, 240미터, 60층 등이 이 시기에 등장했다.

1990년대에는 말레이시아의 쿠알라룸푸르에 페트로나스 트윈 타워Petronas Twin Tower, 1998년, 452미터, 88층가 지어졌다. 똑같이 생긴

현재 인류의 기술력으로는 1.6킬로미터 높이까지 건물을 건설할 수 있다. 하지만 기술적으로 가능하다고 해서 그 높이로 건물을 짓는 것은 아니다.

건물 2개가 나란히 선 쌍둥이 빌딩인데, 한국과 일본이 한 채씩 맡아 건설한 것으로 유명하다. 2000년대 이후부터는 중국과 중동 국가에서 초고층 건물을 많이 짓고 있다. 현재 가장 높은 건물은 2024년 완공을 앞둔 사우디아라비아의 제다 타워Jeddah Tower다. 높이가 자그마치 1킬로미터로, 세상에서 가장 높은 건물이 될 예정이다.

　현재 인류의 기술력으로는 1.6킬로미터 높이까지 건물을 건설할 수 있다. 하지만 기술적으로 가능하다고 해서 그 높이로 건물을 짓는 것은 아니다. 높이가 높은 만큼 그에 따른 문제도 있기 때문이다.

빌라
: 아파트와 단독 주택 사이에서 길을 찾다

높다란 아파트들 사이사이 빌라가 들어서 있는 풍경을 흔히 볼 수 있다. 아파트가 무리를 지어 단지를 이루듯이 빌라도 빌라들끼리 무리를 지어 들어선다. 골목 전체가 빌라들로 가득 채워지기도 한다. 사실 '빌라'는 건축법상 정확한 이름이 아니다. 건축업자가 지은 상품명이라고 할 수 있다. 흔히 해열제를 아스피린이라고 부르고, 진통제를 타이레놀이라고 부르는 것과 비슷하다. 정확하게는 다가구 주택, 다세대 주택, 연립 주택으로 나뉘지만, 이미 인식이 굳어진 탓에 뭉뚱그려 빌라라고 부르고는 한다. 그렇다면 다가구·다세대·연립 주택은 각각 어떤 형태이며 왜 등장하게 되었을까?

주택에도 종류가 있다

주택은 크게 단독 주택과 공동 주택으로 나뉜다. 단독 주택과 공동 주택에서도 몇 가지로 다시 나뉘어서 주택은 총 여섯 가지로 세분화할 수 있다.

단독 주택, 고시원^{다중 주택}, 아파트는 쉽게 구별할 수 있지만 다가구 주택, 다세대 주택, 연립 주택은 얼핏 비슷해 보여서 구별하기가 쉽지 않다. 그래서 따로 나누지 않고 쉽게 빌라라고 부르는 것이다. 거기서 거기인 것 같아도 다가구 주택은 단독 주택으로, 다세대 주택과 연립 주택은 공동 주택으로 분류된다는 점에서 엄연히 다르다. 집을 구하려는 사람 입장에서는 다가구 주택은 등기나 매매를 할 수 없고 임대만 가능하다. 반면 다세대 주택과 연립 주택은 아파트와 다를 바 없이 등기와 매매 모두 할 수 있다. 주택의 종류를 확인하려면 주민센터에 가서 등기부등본이라는 서류를 떼어 보면 된다. 주택이 지금처럼 복잡하게 나누어진 데는 어떤 배경이 있을까?

주거난으로 생긴 빌라, 반지하, 옥탑방

빌라로 일컬어지는 다가구·다세대·연립 주택은 극심한 주거난을 겪으면서 생겨났다. 1950~1960년대 우리나라는 한국전쟁이 끝난 뒤 주택이 부족해지면서 집을 구하기 어려운 상황이 계속되었다. 이는 서울을 비롯한 대도시에서 더욱 심각했다. 당시 서울에

	단독 주택	· 개량 한옥, 전원주택 등 단독으로 사는 주택
단독 주택	다중 주택	· 하숙집, 고시원 등 여러 사람이 세를 들어 사는 주택 · 각 방에 개별 욕실은 가능하나 개별 주방은 불가능 · 3층 이하, 1개 동, 바닥면적의 합계 330m² 이하
	다가구 주택	· 여러 세대가 살 수 있는 주택 · 세대별로 개별 욕실·개별 주방 가능 · 3층 이하, 1개 동, 바닥면적의 합계 660m² 이하, 19세대 이하
공동 주택	다세대 주택	· 4층 이하의 공동 주택, 바닥면적의 합계 660m² 이하, 여러 동 가능 · 세대별로 개별 등기·매매 가능
	연립 주택	· 4층 이하의 공동 주택, 바닥면적의 합계 660m² 초과, 여러 동 가능 · 세대별로 개별 등기·매매 가능
	아파트	· 5층 이상의 공동 주택, 세대별로 개별 등기·매매 가능

주택의 종류

는 개량 한옥이나 전쟁 후에 급히 지은 간이 주택이 대부분이었다. 간이 주택이란 한옥과 양옥을 섞어 간단하게 만든 주택을 말한다. 보통 방 2~3개에 주방과 화장실이 있는 구조로 만들어졌다.

단독 주택만 있던 상황에서 갑작스럽게 서울로 사람들이 몰려들자 셋방살이가 등장했다. 셋방살이는 주인집 한편에 방을 1~2개 정도 빌려 사는 것을 말한다. 이때만 해도 개량 한옥이 많아서 안쪽 방은 집주인이 쓰고, 출입문 옆에 있는 문간방을 세주는 집이 많았다. 한집에 여러 가족이 살다 보니 문제도 많았다. 대문, 마당, 화장실, 주방 등을 함께 써야 해서 불편이 이만저만이 아니었다.

1960~1970년대에는 2층짜리 양옥이 많이 지어졌다. 이때 생긴 양옥은 대개 1층은 전세를 주고 2층은 주인집으로 쓰기 위해 층별로 출입구를 따로 만들었다. 주방과 화장실도 따로 두는 경우가 많았다. 나중에는 세를 더 받을 목적으로 집을 개조하기도 했다. 보일러실과 창고로 사용하던 지하실을 방으로 만들고, 옥상에는 옥탑방을 지어 올렸다. 1970~1980년대 서울에는 동네 길목마다 이런 집들을 쉽게 찾아볼 수 있었다. 특히 이때는 강남이 한참 개발되던 시기였는데, 강북에 단독 주택이 있는 사람이 그 집을 개조해 세를 주고 자신은 강남의 고급 아파트로 이사하는 일도 생겼다.

상황이 이렇게 되자 정부는 건축법을 정리해 주택을 제도에

다가구·다세대·연립 주택은 극심한 주거난을 겪으면서 생겨났다.

따라 체계적으로 관리하고자 했다. 개인 주택은 3층 이하로만 지을 수 있게 했고, 지하실에 사람이 사는 것을 금지했다. 그러다 보니 반지하 방이라는 편법 주거도 나왔다. 또한 옥상에 방을 만드는 것을 금지했는데, 전체 옥상 면적의 8분의 1 이하 크기의 창고는 둘 수 있게 했다. 그러자 창고나 물탱크실을 만든 후 나중에 방으로 개조해 옥탑방으로 세를 놓는 일이 생겼다. 정리해 보면 3층 이하로 층수 제한, 지하 방과 옥탑방 금지라는 법의 테두리 안에서 만들어진 것이 다가구 주택이었다.

다세대 주택과 연립 주택은 어떤 배경에서 탄생하게 되었을까? 공동 주택에 관한 새로운 건축법이 그 뒷받침이 되었다. 이 시기에 공동 주택은 아파트와 같이 많은 가구가 함께 사는 형태로 지어졌는데, 좀 더 작은 규모로도 공동 주택을 지을 수 있는 법이 마련되면서 4층 이하의 다세대 주택과 연립 주택이 생겨났다. 그러자 전체 4층에 반지하 방이 포함된, 사실상 5층인 공동 주택이 지어졌다. 다세대 주택이 비교적 작은 규모라면 여기서 규모가 커진 것이 연립 주택이다. 다가구·다세대·연립 주택, 겉보기에 서로 닮은 듯한 이 주택들은 이렇게 세상에 나오게 되었다.

지하 방은 왜 불법일까?

경사진 곳이나 언덕배기에 집을 지을 때 더러 지상과 지하에 반쯤 걸친 방이 생긴다. 방 높이의 절반 이상이 지상에 드러난다면,

그 방은 지상의 방으로 여긴다. 그런데 이를 교묘히 이용하는 일이 생겨났다. 세를 더 주기 위해 일부러 지상과 지하에 반쯤 걸친 반지하 방을 만들었다. 잠깐 언급했듯이 반지하 방은 불법은 아니지만, 절묘하게 불법을 피해 간 일종의 편법이다. 그렇다면 지하에 방을 만드는 것은 어떤 이유로 불법이 되었을까?

18세기 후반 영국에서 산업혁명이 일어나면서 인구, 건물 등 모든 것이 도심으로 몰렸다. 그 과정에서 연립 주택이 지어졌고, 방이 부족하다 보니 석탄 창고로 쓰던 지하실을 개조해서 세를 주기도 했다. 그런데 지하 방에는 치명적인 문제가 있었다. 햇빛이 전혀 들지 않아 실내가 습하다 보니 폐결핵에 걸리기 쉬웠다. 오염된 식수 때문에 콜레라, 장티푸스, 이질 등 감염병에 걸리는 이들도 생겨났다.

19세기 영국 정부는 대책 마련에 나섰다. 법적으로 지하 셋방을 금지하고, 모든 세대에서 햇빛을 쬘 수 있도록 정했다. 그리고 최소한 8가구당 하나씩 화장실과 우물을 두도록 했다. 오늘날에도 공동 주택에서 지켜지고 있는 건축 법령들이다. 물론 요즘은 세대별로 개별 화장실과 상하수도를 갖추고 있다. 아파트의 경우, 모든 세대가 동지12월 22일 또는 23일를 기준으로 하루에 4시간 이상 일조시간햇볕이 실제로 내리쬐는 시간을 보장받아야 한다. 그래서 현재도 지하에 사람이 사는 방을 두는 것은 금지되어 있다.

주차난과 일조량 문제의 원인

우리 사회에서 빌라는 서민들이 사는 주택이라는 이미지가 있다. 같은 맥락에서 아파트는 중산층 주택, 단독 주택은 부유층 주택이라는 인식이 강하다. 이런 인식이 굳어진 데는 정부의 정책도 한몫을 했다.

> **철거 재개발**
>
> 주택을 재개발하는 방식 중 하나로, '전면 재개발'이라고도 한다. 일반적으로 노후화된 건물들이 모여 있어 도시 환경이 불량하다고 판단되는 지역을 대상으로 한다. 기존 건물들을 완전히 없애고 새로운 시설을 만들어 넣음으로써 도시 환경을 재정비하는 데 목적을 둔다.

1950년대부터 시작된 주택 부족 문제를 해결하기 위해 정부와 지방 자치 단체가 제시한 방법은 아파트 공급이었다. 그 방법으로 낡은 집들을 허물고 그 자리에 아파트를 지어 올리는 철거 재개발이 이루어졌다. 대형 건설사에서 지은 아파트는 단지도 크고 시설도 좋았다. 하지만 그만큼 값이 비쌌다. 아파트보다 저렴한 소규모 공동 주택은 없었을까? 그 틈새를 흔히 '집장사'라고 불리는 소규모 건설업자들이 파고들었다. 그들은 도심의 자투리땅이나 단독 주택이 있는 자리에 다가구·다세대·연립 주택을 지어 팔았다.

그러자 정부는 주택난을 해소하기 위해 일부 규정을 조금씩 풀어 주었다. 이를테면 원래 지하에 방을 두는 것은 불법이지만, 반지하 방은 허용했다. 또한 모든 건물은 법적으로 다른 건물과 일정 간격을 떨어뜨려 짓는 이격거리를 지켜 지어야 하는데, 다세대 주택은 이를 일부 완화해 주었다. 일조권도 아파트보다 기준을 완화했다. 그 결과 빌라는 아파트나 다른 주택에 비해 건물끼리 다닥다닥 붙어 지어지게 되었다.

> **일조권**日照權
>
> 주거에서 햇빛을 쬘 수 있도록 법적으로 지정되어 있는 권리. 일반적으로 일조권에 따라 건축물의 높이를 제한하고는 한다. 만약 인접한 건물 때문에 집에 해가 충분히 들지 않는다면 피해에 대한 보상을 청구할 수 있다.

주차 대수를 정하는 기준도 완화했다. 아파트의 경우, 그 기준이 1세대당 1.2~1.5대 정도다. 100세대가 사는 아파트라면 자동차 120~150대를 세울 주차장도 함께 마련해야 한다. 아파트보다 기준치가 낮은 다세대·연립 주택의 기준은 1세대당 0.6~0.8대 정도다. 100세대가 사는 빌라라면 자동차 60~80대가 들어갈 주차장을 만들면 된다. 그러자 주차 문제가 뒤따랐다. 아파트는 주차난이 그다지 심각하지 않지만, 빌라가 많은 동네는 늘 주차장이 모자라 곤란을 겪는 일이 잦다.

빌라는 아파트에 비해 법적 조건을 풀어 주다 보니 건설업자가 집을 짓기는 쉬웠다. 하지만 막상 그곳에 사는 사람은 불편해졌다. 건물 간 거리가 가까워서 창을 열면 옆집 내부가 훤히 들여다보이고, 햇빛이 제대로 들지 않고, 주차장도 부족한 것이 빌라의 현실이다. 더구나 아파트와 달리 다세대·연립 주택은 규모가 작은 건설업자가 짓다 보니 생기는 문제도 있었다. 공사를 날림으로 하기도 했고, 건물에 하자가 생기면 다시 손보기가 어려워지는 일도 생겼다.

빌라는 주거 대안이 될 수 있을까?

이런저런 이유로 빌라는 서민 주택의 대명사가 되었다. 그렇다고 빌라가 좋지 않다는 말은 결코 아니다. 단독 주택과 아파트로 구분되는 주택 시장에서 빌라는 또 다른 대안이 될 수 있다.

사람들은 넓은 마당이 있는 단독 주택에 살고 싶어 하면서도 비용이 많이 들고 관리가 어려워서 부담을 느낀다. 아파트는 고층인 데다가 사람도 많아서 단독 주택을 대신할 수 없다. 편리한 점도 많지만 불편한 점도 분명하다. 소규모 공동 주택인 다세대·연립 주택은 단독 주택과 아파트의 장점을 고루 갖추고 있다. 요즘 등장한 타운하우스town house, 1~3층짜리 단독 주택을 연속적으로 붙인 형태의 건물가 그 사례다. 지금까지 우리나라의 주택은 아파트 위주였지만, 이제 새로운 공동 주택으로 시야를 넓혀야 할 때다.

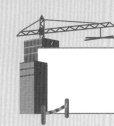

건축공학은 크게 설계와 시공으로 분야가 나뉜다. 설계는 건물을 설계하고 도면을 만드는 일이고, 시공은 그렇게 만들어진 도면을 토대로 실제 건물을 짓는 일이다. 이때 건축사가 건물의 설계를 담당하는 전문가라면, 건축구조기술사와 건축시공기술사는 시공을 담당하는 전문가다. 그중에서 건축구조기술사는 건물의 구조 설계와 시공에 관한 전문가다.

　현대의 건물은 점점 크고 높아지고 있다. 과거에는 30층만 넘어도 고층 건물이었는데, 이제는 50~100층에 이르는 초고층 건물도 많다. 건물을 높이 지으려면 건물이 무너지지 않게 만드는 구조 기술이 뒷받침되어야 한다. 이러한 기술을 전문으로 다루는 직업이 건축구조기술사다.

건축구조기술사는 구체적으로 어떤 일을 할까? 건물을 세울 땅에 대한 지질 조사를 바탕으로 건물의 특성과 하중 조건, 안정성, 시공성 등을 검토한다. 그리고 건축 디자이너가 설계한 건물을 실제로 짓기 위해 구조를 설계한다.

건축구조기술사가 되는 방법은 건축사와 비슷하다. 먼저 대학이나 대학원에서 건축학 또는 건축공학을 공부한다. 건축공학과에서는 건축 시공이나 건축 구조 등 건물을 짓는 데 필요한 공학을 주로 배운다. 학교를 졸업한 뒤에는 건설 회사에 입사해 몇 년간 실무 경험을 쌓아야 한다.

건축기술구조사가 되기 위해서는 일반적으로 4~5년제 대학에서 건축공학을 전공해야 한다. 2~3년제 전문대학을 졸업한 사람은 설계보다는 건물의 안전을 진단하는 업무를 하는 경우가 많은데, 현장에서 실력을 쌓아 구조 설계를 맡기도 한다.

건축 구조에 관한 지식과 기술 말고도 엑셀과 구조해석 프로그램 등 컴퓨터 프로그램도 능숙하게 다룰 줄 알아야 한다. 건물의 구조를 진단하거나 건물이 규정대로 잘 지어졌는지를 살피는 감리 업무를 할 때 등 여러 분야 기술자와 원활히 의사소통하는 능력도 중요하다. 관련 자격증으로는 한국산업인력공단에서 발급하는 건축구조기술사, 건축기사, 산업기사 등이 있다.

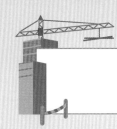

진로 찾기 **건축시공기술사**

건축시공기술사란 건축 시공 분야의 전문 지식과 실무 경험을 갖춘 전문가를 말한다. 주요 업무로 설계 도면에 따라 공사가 제대로 진행되고 있는지 감독한다. 또한 공사 현장에 머무르면서 공사 기간을 예상하고 시공 방법을 논의한다. 건설기능공을 비롯한 인부의 투입 규모를 가늠하고, 건설 기계나 자재 전반에 대한 총괄 업무도 맡아 한다. 아울러 여러 분야의 기술자들과 협업하고 근로자들을 관리하는 일을 한다. 그렇기에 건축 기술뿐만 아니라 리더십과 대인관계 능력도 중요하다.

건축시공기술사가 되기 위해서는 보통 대학이나 대학원에서 건축학, 건축공학, 토목공학을 전공한 뒤 건설 회사에서 몇 년간 실무 경험을 쌓아야 한다. 이후 국가에서 시행하는 건축구조기술사 자격시험에 응시해 합격하면 건축시공기술사가 될 수 있다.

관련 자격증으로는 건설시공기술사 외에도 건축구조기술사, 건축품질시험기술사, 전산응용건축제도기능사 등이 있다. 이런 자격증이 있으면 취업에 유리하고, 공공기관이나 기술직 공무원 시험에서도 가산점을 받을 수 있다. 건축기술시공사로서 자격을 갖추면 건설 회사, 엔지니어링 회사, 건축 설비 회사, 측량 업체, 인테리어 전문 업체, 건축 관련 각종 연구소나 공공기관 등에서 일하게 된다.

3장

소비가 보이는
건축

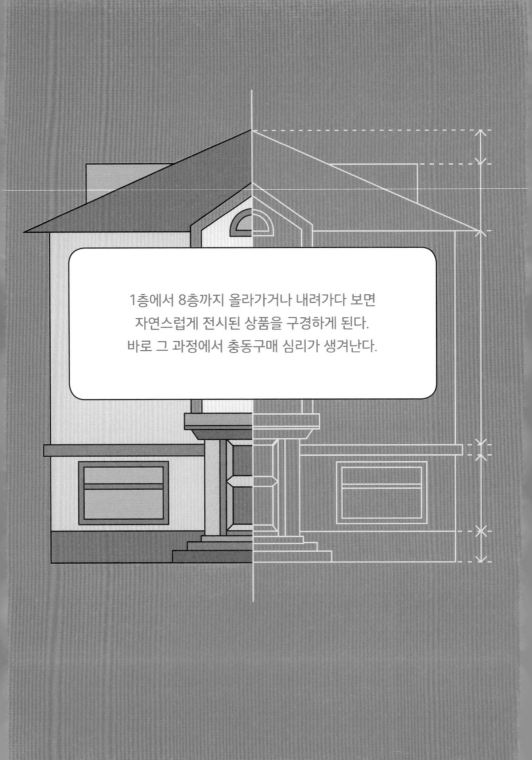

1층에서 8층까지 올라가거나 내려가다 보면
자연스럽게 전시된 상품을 구경하게 된다.
바로 그 과정에서 충동구매 심리가 생겨난다.

백화점
: 욕망을 소비로 이끄는 마법의 세계

1930년 10월 24일 서울 명동에 낯선 건물이 들어섰다. 4층으로 이루어진 건물은 유럽 어딘가에서 옮겨 온 듯 세련되어 보였다. 내부는 더욱 신기했다. 1층부터 4층까지 온갖 화려한 물건을 전시했고, 상자 모양의 작은 방이 쉴 새 없이 오르내리며 사람들을 실어 날랐다. 눈치챘겠지만 그 장치는 엘리베이터였다. 엘리베이터를 타고 지붕 위로 올라가면 분수대가 놓인 옥상정원이 나왔다. 이 건물은 바로 우리나라 최초의 백화점 미쓰코시 백화점이었다.

백화점으로 보는 근대 건축의 원칙
조선 시대 한양에서도 종로는 상인들이 몰리던 거리였다. 사람이 '구름처럼 모여들었다가 흩어지는 거리'라는 뜻에서 운종가雲從街라고도 불릴 만큼 번화한 상권이었다. 하지만 일제 강점기에 종로의 상권은 기울었고, 일본인들이 많이 살던 명동이 새로운 상권으로 떠올랐다. 그러면서 명동에 미쓰코시 백화점이 세워졌다.

미쓰코시 백화점이 처음 문을 열던 날, 건물을 구경하기 위해 많은 사람이 몰려들었다. 그 무렵에는 1층짜리 건물이 대부분이었기에 2층 건물만 봐도 신기하게 여겼다. 그런데 무려 4층에 엘리베이터와 옥상정원까지 있었으니 사람들의 관심을 끌 만도 했다. 그 당시 사람들에게 옥상공원은 굉장히 생소한 것이었다. 한옥에는 옥상이라는 개념이 없었기 때문이다. 유럽도 마찬가지였다. 이전까지 유럽의 모든 건물에는 빗물이 고이거나 눈이 쌓이지 않도록 경사진 지붕을 만들고는 했다. 프랑스 건축가 르코르뷔지에가 처음 옥상정원을 주장하면서 유럽에도 지붕 대신 평평한 옥상을 만든 건물이 지어지기 시작했다. 그는 옥상정원과 함께 필로티, 자유로운 평면free plan, 자유로운 입면free facade, 가로로 긴 창horizontal window이라는 근대 건축의 5원칙을 내세운 것으로 유명하다.

사람들에게 놀라움을 선사했던 미쓰코시 백화점은 한국전쟁 때는 미군의 매점인 PXPost exchange 건물로 이용되었다. 전쟁으로 많은 사람이 가난에 시달렸기 때문에 월급을 두둑이 받는 미군 병사를 상대로 하는 장사가 그나마 돈벌이가 되었다. 그리고

1963년에는 지금의 신세계 백화점으로 새롭게 태어났다. 옥상정원은 1980년대에 리모델링을 하면서 없어졌다.

층별 매장 구성의 비밀

세계 어느 백화점이든 층별 매장 구성은 거의 똑같다. 지하는 마트와 푸드코트, 1층은 화장품과 장신구, 2층은 구두, 가방, 지갑 등의 잡화, 3층은 여성복, 4층은 남성복, 5층은 아동복과 운동복, 6층은 가구와 가전제품, 7층은 문화센터와 식당으로 이루어진다. 놀랍게도 약 90년 전 미쓰코시 백화점의 구성도 지금과 비슷했다. 1층은 잡화, 2층은 여성복, 3층은 남성복, 4층은 가구와 이불 등을 팔았다. 백화점은 왜 비슷비슷하게 매장을 구성하는 것일까? 크게 두 가지 이유로 나누어 볼 수 있다.

첫째, 백화점이 탄생하고 발달한 역사와 연관된다. 19세기 프랑스 파리에 지어진 최초의 백화점은 가방, 구두, 지갑, 양산, 모자, 손수건 등 잡화를 주로 판매했다. 아울러 초기에는 여성복 위주로 판매가 이루어졌고 점차 남성복도 취급했다. 이후 가구와 이불 등의 생활용품까지 팔게 되었다. 즉 오늘날 백화점의 층별 매장 구성은 초기 백화점이 판매한 상품의 순서와 거의 똑같다. 백화점 건물이 6~7층으로 이전보다 더 높이 지어지면서 매장 구성은 점차 세분화되고 있다.

두 번째 이유는 좀 더 설득력 있다. 백화점은 상품을 판매하는 곳이므로 층별 구성에도 이윤을 따진다. 단위면적당 매출이 높은 매장을 가장 눈에 잘 띄는 곳에 두는 것인데, 이익이 큰 상품일수록 낮은 층에 배치한다. 낮은 층에서 높은 층으로 올라갈수록 유동인구가 적어지기 때문이다. 그래서 부피는 작은데 값이 비싸 단위면적당 매출 이익이 높은 화장품과 장신구 등을 1층에 놓는다. 같은 맥락에서 2층에는 가방, 구두, 지갑 등 잡화를 배치한다.

3~5층에는 의류 매장을 둔다. 같은 의류지만 여성복이 남성복보다 대체로 값이 비싸 남성복보다 한 층 아래인 3층에 자리한다. 아동복과 운동복 등은 남성복보다 가격대가 낮아서 한 층 높은 5층에 자리한다. 가구, 가전제품, 이불, 카펫 등 부피가 커서 단위면적당 매출 이익이 낮은 상품은 6~7층에 매장을 둔다.

꼭대기 층에는 보통 문화센터나 식당가가 있는데, 이 또한 치밀한 영업 전략이다. 쇼핑할 계획 없이 문화센터나 식당만 가려는 사람도 8층까지 가려면 반드시 1층을 거쳐야 한다. 1층에서 8층까지 올라가거나 내려가다 보면 자연스럽게 전시된 상품을 구경하게 된다. 바로 그 과정에서 충동구매 심리가 생겨난다.

에스컬레이터를 놓고 창문은 없애고

백화점은 아파트나 사무용 건물 등 여느 고층 건물과는 달리 에스컬레이터를 설치한다. 에스컬레이터는 끊임없이 움직이며 여러 동선을 한곳에서 처리할 수 있다는 장점이 있다. 시야에 막힘

이 없어 1층에서 꼭대기 층
까지 올라가면서 상품을 한
눈에 살펴볼 수도 있다. 충동
구매가 일어나기 좋은 기회
를 제공하는 장치라고 할 수
있다. 19세기 파리의 아케이

아케이드arcade

19세기 프랑스에서 생겨난 상점가의 한
형태로, 건물 1층 양쪽으로 가게들이 늘
어선 상점가를 말한다. 요즘도 흔히 볼
수 있는 지하상가나 번화가의 상점가와
비슷하다.

드도 마찬가지였다. 아케이드는 이곳을 산책하는 사람들이 유행
하는 상품을 구경하며 구매 욕구가 생기게끔 만들어졌다. 에스컬
레이터가 소비자의 시선을 아래위로 넓힌다면, 아케이드는 시선
을 양옆으로 넓힌다.

의외로 백화점에 없는 것도 있다. 바로 창문이다. 채광과 환기
를 하려면 건물의 모든 공간에는 창이 있어야 한다. 그런데 백화
점에는 왜 창이 없는 것일까? 창이 있으면 사람은 자기도 모르게
창밖으로 눈길이 간다. 그래서 무언가에 집중해야 하는 공간에는
창을 만들지 않는다. 영화관, 음악회, 오페라 극장, 박물관, 전시
관 등에도 창이 없다. 다른 이유도 있다. 창을 내려면 반드시 일
부 공간을 비워야 한다. 백화점으로서는 상품을 하나라도 더 진
열하는 것이 이득이기에 굳이 창을 만들지 않는 것이다.

백화점은 계절에 따라 모습에 변화를 준다. 거의 매달 다른 주
제로 매장을 꾸미고 상품들을 할인 판매한다. 1월은 새해맞이, 2월
은 밸런타인데이와 졸업, 3월은 입학, 4월은 봄맞이, 5월은 가정의

백화점은 아파트나 사무용 건물 등 여느 고층 건물과는 달리 에스컬레이터를 설치한다.

달, 6월은 여름 준비, 7월과 8월은 여름휴가, 9월은 추석, 10월과 11월은 가을, 12월은 크리스마스다. 사람들이 백화점에 가는 이유는 다양하다. 새로운 상품을 보기 위해 또는 시간을 때울 목적으로 가기도 한다. 구경삼아 들렀다가 충동구매로 이어지게 하는 것이 바로 백화점의 전략이다. 이러한 목적을 이루기 위해 백화점은 연중 쉬지 않고 새로운 볼거리를 제공한다.

커다란 중앙 홀의 탄생

봉마르셰 백화점Le Bon Marché은 1852년 프랑스 파리에 세워진 세계 최초의 백화점이다. 백화점의 설계는 에펠탑을 만든 구스타브 에펠이 맡았다. 당시 유럽 최고의 건축가였던 에펠은 철골과 유리를 사용해 내부에 화려한 크리스탈 홀을 만들었다. 봉마르셰 백화점이 등장하고 파리에는 많은 백화점이 생겨났다. 그중에는 1865년에 문을 연 프랭탕 백화점Printemps도 있다. 프랭탕 백화점은 5층으로 이루어진 내부 한가운데에 거대한 중앙 홀을 만들었고, 주변에는 테라스와 매대를 두었다. 채색한 유리로 만든 아름다운 돔 천장을 통해 자연광이 들었으며 화려하게 꾸민 계단은 1층부터 모든 층을 막힘 없이 연결했다.

프랭탕 백화점은 이후 백화점의 원형이 되었다. 눈을 감고 현재 주변에서 볼 수 있는 아무 백화점이나 떠올려 보자. 출입문을 들어서자마자 펼쳐지는 넓은 중앙 홀, 수직으로 연결되는 에스컬레이터 등 과거 프랭탕 백화점의 공간 설계와 거의 비슷하다는 것을 알 수 있다. 이는 공간을 생동감 있게 연출하고, 층별 상품 구성이 한눈에 들어오도록 하는 기법이다. 이 기법은 150여 년 전 프랭탕 백화점에서 시작해 오늘날까지 이어지고 있다.

영국이 산업혁명의 선두주자로 나서면서 '세계의 공장'이 되었다면, 프랑스는 '세계의 백화점'으로 자리 잡았다. 프랑스는 백화점을 통해 품질이 좋고 값비싼 물건뿐만 아니라, 고급스럽고 세련된 이미지도 함께 판매한다. 현재 세계적인 명품 브랜드 중 프랑스 브랜드가 많은 것은 그 때문이다.

쇼핑몰
: 모든 것을 한꺼번에 해결하는 복합 문화공간

1989년 서울 잠실동에 롯데월드몰이 생겼을 때 사람들은 놀라워
하는 동시에 의아해했다. 그 규모 때문이었다. 한 건물 안에 2개
의 백화점이 있었고, 두 백화점을 연결하는 길고 넓은 통로에는
상점들이 빼곡히 자리했다. 이뿐만이 아니다. 실내 스케이트장,
수영장, '롯데월드 어드벤처'라는 실내 놀이공원, 민속박물관, 영
화관, 여기에 호텔까지 연결되어 있었다. '이곳은 백화점인가, 놀
이공원인가, 스케이트장인가?' 이 모든 시설이 한 건물 안에 있다
는 사실에 사람들은 어리둥절했다.

　이 모든 시설을 아우른 공간은 바로 쇼핑몰이었다. 롯데월드몰
은 우리나라 최초의 몰mall이었다. 롯데월드몰의 출현에서 알 수
있듯 쇼핑몰은 많은 사람에게 큰 충격이었다.

충동구매의 전설이 되다

19세기 프랑스에서 백화점이 처음 등장했을 때 사람들은 왜 놀랐을까? 백화점이 생기기 이전까지는 장인이 자신이 만든 물건만 팔았다. 모자 가게에서는 모자만, 구두 가게에서는 구두만 팔았다. 그런데 백화점은 커다란 건물 안에서 모자와 구두 등을 함께 판매했다. 그러다 보니 모자를 사기 위해 방문했다가 구두까지 사 가는 경우도 생겼다. 구경 삼아 걷다가 그 옆에 양산을 사가기도 했다. 충동구매가 일어난 것이다. 판매하는 물건의 종류가 많을수록 충동구매할 가능성은 높아졌고, 이는 판매를 늘리는 결과를 가져왔다.

쇼핑몰은 백화점보다 더 폭넓은 충동구매를 이끌어 내는 공간이다. 한 건물 안에 스케이트장, 수영장, 백화점, 놀이공원 등이 모여 있으면 어떤 일이 생길까? 스케이트를 타러 왔던 사람이 백화점에도 들리게 된다. 백화점에 쇼핑하러 왔던 사람이 쇼핑몰을 걷다 놀이공원에도 들어가 보게 된다. 특히 롯데월드몰에는 아주 큰 장점이 있다. 스케이트장과 놀이공원이 유리 천장으로 덮인 실내공간이어서 계절에 영향을 받지 않는다.

롯데월드몰이 생기고 10여 년이 지난 2000년, 서울 삼성동에 코엑스몰이 개장했다. 백화점과 상설 전시관인 코엑스를 두고, 그 사이를 코엑스몰이라는 긴 지하 쇼핑몰로 구성한 것이 특징이다. 뒤이어 서울고속버스터미널 센트럴시티, 청량리역 롯데몰,

쇼핑몰은 백화점보다 더 폭넓은 충동구매를 이끌어 내는 공간이다.

용산역 아이파크몰, 건대 스타시티, 영등포 타임스퀘어 등 여러 쇼핑몰이 들어섰다.

공항, 병원, 지하철역을 연결하다

최근에는 쇼핑몰을 넘어 점차 모든 공간이 거대한 몰이 되어 가는 몰화 현상이 나타나고 있다. 인천국제공항도 하나의 거대한 쇼핑몰이라고 할 수 있다. 해외여행을 간다고 할 때 보통 비행기 출발 시간보다 2~3시간 일찍 공항에 도착해 탑승 수속을 한다. 그러면 탑승동에서 비행기에 오르기까지 1시간 정도 여유 시간이 생기는데, 이는 곧 잠재구매력당장은 아니지만 앞으로 살 가능성이 있는 구매력을 의미한다. 비행기 환승을 기다리는 사람들 또한 공항에 머무른다. 건물에 갇힌 채 심심해하는 사람들, 이보다 더 좋은 고객은 없다. 잠재 고객인 이들의 지갑을 열기 위해 공항은 엄청나게 큰 쇼핑몰로 구성된다. 가격 면에서 백화점보다 훨씬 매력적인 면세점과 식당, 카페 등 다양한 상점이 자리한다.

요즘은 대형 병원도 지하철역과 연결되면서 지하에 푸드코트, 마트, 식당, 카페 등 각종 상점이 입점해 하나의 쇼핑몰이 되어 가고 있다. 대형 병원에 있는 장례식장에 머무르는 고인의 가족이나 병원에 오래 입원하는 환자의 보호자는 병원에서 멀리 나가기가 어렵다. 이들은 대개 병원에서 모든 것을 해결하기 때문에 자연스럽게 쇼핑몰을 이용하게 된다.

몰화 현상은 건물이 대형화되어 가는 현상과 관련이 깊다. 인류가 집을 짓기 시작한 이후로 건물은 계속해서 규모를 키워 왔다. 건물의 대형화는 두 가지로 나누어 볼 수 있다. 건물의 높이를 높이는 것과 면적을 넓히는 것이다. 백화점, 영화관, 병원 등 2~3개의 대형 시설이 서로 관계를 맺어 쇼핑몰의 형태를 띠게 되는 것은 면적을 넓힌 것에 해당한다.

우리나라에는 대중교통과 연결된 쇼핑몰이 많다. 특히 지하철과 이어지는 통로가 없는 쇼핑몰은 없다고 해도 과언이 아니다. 또한 쇼핑몰과 큰 기차역은 앵커 스토어 역할을 한다. 유동인구가

> **앵커 스토어** anchor store
>
> 어떤 상권을 대표하는 상점이나 대형 상가의 중심이 되는 상점을 뜻한다. 다수의 고객을 끌어오는 역할을 톡톡히 해서 대형 쇼핑몰에 전략적으로 입점시키고는 한다. 대형 마트, 대형 병원, 대형 서점, 영화관 등이 그 예다.

많기에 자연스럽게 쇼핑몰로 고객을 끌어온다. 그 예로 경춘선의 출발점인 청량리역에는 롯데백화점, 롯데마트, 롯데시네마로 이루어진 쇼핑몰이 있다. 이 쇼핑몰은 지하철역, KTX역, ITX역과 이어진다. 지하철역이자 KTX가 정차하는 용산역도 아이파크몰과 마트가 연결된 쇼핑몰이며, 서울역도 인근 백화점과 함께 개발되었다. 서울과 지방을 오가는 서울고속터미널 옆에도 백화점과 함께 센트럴시티라는 쇼핑몰이 있다.

쇼핑몰을 짓기 전 고민해야 할 것

쇼핑몰에도 몇 가지 단점이 있다. 쇼핑몰은 실내가 넓기 때문에 많은 에너지를 소비할 수밖에 없다. 사계절 내내 실내온도를 18~24도로 유지하기 위해 냉난방 장치를 쉴 새 없이 가동한다. 또한 쇼핑몰이 생기면 그 주변 상권은 큰 타격을 받는다. 백화점이나 대형마트가 들어온 뒤로 주변의 재래시장이나 골목 상권이 무너진 사례는 흔하다. 쇼핑몰은 실내에 만들어진 골목 상권이라고 할 수 있다. 백화점, 대형마트, 작은 상점들이 한 건물 안에 들어서 있기 때문이다. 이러한 쇼핑몰은 거대한 진공청소기처럼 유동인구를 빨아들여 주변 상권을 허물어뜨린다.

사람이 다른 사람을 만나 교류하며 살아가듯이 건물도 거리와 관계를 맺으며 지어진다. 오늘날에는 건물이 비대해지면서 모든 것을 한 건물 안에서 해결할 수 있게 되었다. 그러다 보니 건물과 거리와의 관계는 끊어질 위기에 놓였다. 특히 미국에서 이러한 현상이 두드러진다. 미국은 워낙 지역이 넓어 시내가 아니고서는 대중교통이 잘 발달하지 않았다. 쇼핑몰은 보통 교외에 있어서 버스나 자동차를 타야만 갈 수 있다. 그런데 자동차를 타고 이동하다 보면 주변 거리를 들를 기회가 생기지 않아 거리는 있으나 마나 한 존재가 된다. 자동차에서 내리면 바로 쇼핑몰에 도착하기 때문이다.

중산층은 거대한 쇼핑몰 안에서 쇼핑, 식사, 영화 관람, 수영장이나 스케이트장 이용 등 모든 것을 해결한 뒤 자가용 자동차를 타고 다시 집으로 돌아간다. 그럼 거리는 누가 이용할까? 자동차를 살 돈이 없는 저소득층이 주로 오가게 된다. 곧 이들을 상대로 장사하는 값싼 술집과 허름한 상점들이 들어서게 되는데, 그럴수록 상황은 나빠진다. 중산층은 더욱 자동차에 의존하게 되어 거리는 점차 제 역할을 잃는다. 그러면 어느 순간부터는 노숙자도 생겨난다. 이 모든 것은 쇼핑몰에서 비롯되는 문제다. 건물과 거리의 관계가 끊어지고, 공간이 실내와 실외로 양극화되다 보면 결국 거리는 황폐화된다. 우리나라의 쇼핑몰은 시내에 지어진 곳이 대부분이어서 아직까지는 미국이 겪는 양극화 현상은 나타나지 않고 있다. 하지만 건물과 거리의 관계는 쇼핑몰을 짓기 전 고려해야 할 중요한 부분이다.

큰 쇼핑몰이 동네에 들어오면 이용하는 사람들은 좋을 것이다. 하지만 건물이 높아지면 그 그림자도 길어지는 법이다. 건물이 대형화되어 가는 것은 피할 수 없는 흐름이지만, 그 과정에서 일어나는 부작용을 최소화하는 것이 중요하다.

쇼핑몰은 왜 미국에서 시작되었을까?

백화점이 프랑스에서 탄생했다면, 쇼핑몰은 미국에서 탄생했다. 18~19세기 영국에서는 고급 상점가가 모인 가로수길을 '몰'이라고 불렀다. 넓고 잘 정리된 길, 즉 실외공간을 뜻하는 말이었다.

1950년대에 미국은 몰의 개념을 실내공간으로 옮겨 와 새로운 공간을 만들었다. 1956년 미국 미네소타주 에디나에 지어진 사우스데일 몰Southdale Mall은 세계 최초의 쇼핑몰이다. 이후 미국에는 수많은 쇼핑몰이 생겼고 오늘날에는 무려 4만 5,000개나 되는 쇼핑몰이 있다.

기반 시설

사람들이 생활을 유지하는 데 필요한 구조물을 뜻하며, 흔히 인프라스트럭처 infrastructure라고도 부른다. 도로, 철도, 공항 등 경제 활동과 맞닿아 있는 산업 기반과 학교, 병원, 시장, 수도 및 하수 등의 생활 기반이 있다.

그렇다면 쇼핑몰은 어째서 미국에서 번성하게 되었을까? 그 이유는 교외 주택 단지와 자동차 문화가 발달한 미국의 생활방식에서 찾아볼 수 있다. 미국의 도시들은 짧은 시간에 급격히 발달한 탓에 도심 기반 시설과 대중교통이 부족하다. 미국인에게 자동차는 매우 익숙한 문화라고 할 수 있다. 더욱이 지리적 특성상 슈퍼마켓에 한 번 가려면 자동차를 타고 20~30분은 이동해야 한다. 그래서 일주일에 한 번 슈퍼마켓에 가서 장을 넉넉히 보고 커다란 냉장고에 보관해 먹는 것이 일반적이다. 1950년대 미국은 제2차 세계대전을 겪은 유럽과 달리 풍요로운 시대를 살기도 했다. 쇼핑몰은 미국 중산층을 겨냥한 새로운 쇼핑 공간이었고, 그 예상은 적중했다.

코엑스
: 문화와 소비가 공존하는 지하 도시

1979년 서울 삼성동에 코엑스가 문을 열었다. 코엑스는 각종 전시와 박람회가 열리는 상설 전시관으로 유명하다. 코엑스에 전시관만 있는 것은 아니다. 한국 종합무역센터와 연결되어 있는 건물에는 상설 전시관과 함께 코엑스몰도 있다. 주변에는 호텔과 백화점 등 편의 시설과 도심공항터미널도 있다. 이처럼 큰 규모를 자랑하는 코엑스는 연중 사람들의 발길이 끊일 날이 없다. 서울의 대표적인 랜드마크로 꼽히

> **도심공항터미널**
>
> 도심과 교외에 있는 공항을 오가는 여행객의 편의를 위한 교통 시설. 승객은 이곳에서 탑승 수속, 출국 심사, 수화물 위탁 등의 과정을 미리 처리한 뒤 리무진을 타고 공항으로 이동해 바로 비행기에 탑승한다. 승객이 공항에서 대기하는 시간을 줄이고, 무거운 짐을 들고 이동하는 불편을 해결해 주는 역할을 한다.

는 코엑스는 과연 어떤 계획에서 만들어졌을까?

상설 전시관의 매력

상설 전시관을 만드는 목적은 무엇일까? 엑스포 전시관과 비교해 보면 쉽게 이해할 수 있다. 엑스포란 세계 여러 나라가 참가해 각국의 상품을 전시하는 국제 박람회를 말한다. 우리나라는 1993년 대전 엑스포대전세계박람회, 2012년 여수 엑스포여수세계박람회를 개최했다. 그중 대전 엑스포는 국내에서 개최하는 첫 엑스포였던 만큼 많은 공을 들였다. 준비 과정에서 다양한 엑스포 전시관들이 지어졌고, 엑스포는 큰 관심을 받으며 성황을 이루었다. 하지만 약 30년이 지난 현재에는 전시관 대부분이 철거되었고 한빛탑만이 남았다. 대전 엑스포뿐만이 아니다. 엑스포 전시관이 엑스포가 끝나고 허물어지는 데는 이유가 있다.

웨딩드레스를 떠올려 보자. 웨딩드레스는 결혼식 날 신부를 가장 돋보이게 한다는 한 가지 목적을 위해 존재하는 옷이다. 그렇기에 일상에서 입기란 불가능하다고 할 수 있다. 엑스포 전시관도 마찬가지다. 엑스포 전시관은 전 세계의 시선을 끌만한 특이한 형태로 만들지만, 엑스포가 끝나면 다른 건물로 활용하기가 어려워 무용지물이 된다. 그래서 이후 철거하고 마는 것이다.

결혼식에 수수한 드레스를 입으면 어떨까? 그럼 언제든 웨딩드레스를 일상복처럼 꺼내 입을 수 있지 않을까? 이러한 생각에

큰 규모를 자랑하는 코엑스는 연중 사람들의 발길이 끊일 날이 없다.

서 코엑스와 같은 상설 전시관이 등장하게 되었다. 특히 요즘은 상설 전시관의 쓸모가 많은 편이다. 자동차, 카메라, 음향기기, 전자제품 등 특정 분야의 소규모 박람회가 자주 열리기 때문에 그때마다 상설 박람회장을 이용하고는 한다.

다양한 시설과 함께 만들어진 이유

코엑스는 전시관, 무역센터, 호텔, 백화점, 도심공항터미널 등 여러 시설을 아우른다. 그 자체로도 큰 시설들을 왜 함께 만들었을까? 여기에는 소비를 늘려 산업을 발전시킨다는 목적이 있었다.

상품이나 새로운 시설을 홍보하기 위해서는 먼저 전시관을 만들어야 한다. 전시관에는 상품을 구매하기 위해 바이어해외에서 온 상인들이 오는데, 이들을 상대하려면 각종 무역 회사로 이루어진 무역센터가 가까이 있으면 좋다. 바이어들이 국내에 머무르며 묵을 호텔도 필요하다. 도심공항터미널까지 있으면 바이어들이 오가기가 훨씬 편리해진다. 한편 상품은 해외뿐만 아니라 국내에서도 판매할 수 있다. 그렇기에 백화점이 주변에 있으면 더 많은 이윤을 낼 수 있다.

다른 목적도 있었다. 앞서 엑스포 전시관은 한때 이용되고 쓸모없는 공간이 되기 쉽다고 말했다. 코엑스는 이를 방지하기 위해 다양한 시설과 함께 개발하고자 했다. 100만원으로 쇼핑한다고 가정해 보자. 1년에 딱 한 번 있는 기념일을 위해 드레스 1개에

100만원을 쓰는 것과 상의 3개, 바지 3개, 겉옷 1개를 합해 100만 원을 쓰는 것 중 어느 쪽이 더 합리적일까? 후자를 선택하면 1년 내내 옷을 다양하게 입을 수 있다. 같은 이유에서 코엑스는 이벤트성으로 짓는 엑스포 전시관 대신 상설 전시관과 여러 시설을 함께 지었다.

코엑스는 어떻게 국제적인 공간이 되었을까?

서울 올림픽1988년과 서울 아시안게임1986년이 열린 1980년대에 코엑스는 이웃한 호텔, 백화점과 더불어 서울의 명소가 되었다. 이후 2000년 10월에는 아시아·유럽ASEM, 아셈 정상회의가 서울에서 개최되었는데, 이때 코엑스가 회의 장소로 선정되었다.

한 가지 문제가 있었다. 아셈 정상회의는 대규모 국제 행사인 만큼 참가하는 인원도 많았다. 대략 7만 5,000명의 인원이 코엑스를 방문할 예정이었는데, 당시 코엑스로서는 모든 인원을 감당하기에는 공간이 부족했다. 그래서 가까이에 전문 컨벤션 센터convention center, 여러 행사와 회의를 여는 데 필요한 시설을 갖춘 대형 건물와 사무용 건물인 오피스 타워를 지었다. 이로써 코엑스는 이전보다 더 큰 규모의 국제적인 종합무역센터로 거듭날 수 있었다.

지하상가의 단점을 극복하는 방법

코엑스몰의 특징은 널찍한 지하에 만들어진 쇼핑몰이라는 점이다. 코엑스몰이 생기기 전에도 지하상가는 있었지만, 대규모 지하상가는 코엑스몰이 최초라고 할 수 있다. 그런데 지하상가에는 몇 가지 문제점이 있다. 환기와 채광이 어려우며 불이 났을 때도 위험하다. 또한 지하철 환승역에 있는 지하상가만 가봐도 알겠지만 초행이라면 길을 잃기 쉽다. 왜 그럴까?

기본적으로 지상보다 지하에서 길을 잃기 훨씬 더 쉽기 때문이다. 지상에는 랜드마크가 될만한 건물이나 시설물이 있어서 방향을 잡기가 수월한 편이다. 하지만 지하에는 특징이 될만한 랜드마크가 없다. 랜드마크가 되려면 일단 크고 높아야 하는데, 지하에는 이만한 규모의 시설물을 설치하기가 어렵다. 그러다 보니 지하상가는 모든 공간이 비슷비슷해 보여서 길을 잃기 쉽다. 지하철 지하상가가 이 정도인데 코엑스몰처럼 큰 지하 쇼핑몰은 어떨까?

거대한 지하 공간에서 길을 잃지 않게 하려면 두 가지 조건을 만족해야 한다. 현재 자신이 어디에 있는지를 잘 알게 해야 하며, 장소를 대표할 만한 랜드마크를 두어야 한다. 앞서 지하에는 랜드마크를 만들기 어렵다고 했다. 그렇다면 이를 어떻게 극복해야 할까? 선큰 가든은 지하 공간의 랜드마크가 될 수 있다. 지하에 선큰 가든을 만들고 유리 지붕을 덮으면 햇빛이 들어 개방감이 생긴다. 코엑스몰에도 선큰 가든이 있다. 지하철 2호선 삼성역과 연결되는 공간이 바로 선큰 구조로 만들어졌다. 이곳은 우리나라에서 처음 시도된 선큰 가든으로 알려져 있다. 또한 2000년에 코엑스의 컨벤션 센터를 증축할 때는 9호선 봉은사역과 연결되는 공간에 선큰 가든을 만들었다.

선큰 가든sunken garden

지상보다 한 단계 내려앉아 있는 구조로 된 공간. 도심의 건물이나 광장 등에 지하 공간을 만들고 천장을 개방함으로써 자연광이 드는 효과를 얻는다. 또한 사방이 막혀 있는 지하 공간에 개방감을 주고 통풍을 돕기도 한다.

박람회를 위해 만들어진 에펠탑

코엑스의 상설 전시관에서는 세계 각국의 상품을 전시하고 판매하는 크고 작은 박람회가 열린다. 박람회는 꽤 긴 역사를 가지고 있다. 최초의 근대적인 박람회는 1756년 영국왕립예술협회RSA, Royal Society of Arts가 주최한 산업박람회로 알려져 있다. 산업혁명 이후 상품을 대량으로 만들 수 있게 되자 유럽 각국은 상품의 판매를 늘리기 위해 박람회를 활발히 열었다.

세계 여러 나라가 참가하는 만국박람회는 1851년 영국 런던에서 처음 개최되었다. 런던 만국박람회는 크리스털 팰리스라고 불리는 수정궁을 지어 전시관으로 이용했는데, 철과 유리를 사용해 만든 화려한 외관 덕분에 박람회 당시 크게 주목받았다. 개장 첫날에만 약 1만 6,000명이 방문했을 정도로 박람회는 성황을 이루었다.

그러자 영국과 경쟁 관계였던 프랑스는 영국을 능가하는 획기적인 건물을 만들어 국력을 과시하고자 했다. 영국의 수정궁이 등장하고 약 40년이 지난 1889년 3월 31년, 프랑스 파리에도 괴물 같은 건축물이 들어선다. 바로 에펠탑이다. 에펠탑은 1900년에 개최된 파리 만국박람회를 기념하는 상징탑으로 지어졌다. 세상에서 가장 높은 이 철탑을 만든 사람은 누구였을까? 건축가가 아닌 철로를 개통하거나 교량을 건설하는 교량 구조 설계자였던 구스타브 에펠이었다. 그는 1만 5,000개의 철골 부재구조물의 뼈대를이루는 재료를 250만 개의 리벳철골 부재를 조립하는 못으로 고정시킨 거대한 구조물을 완성했다.

에펠탑은 설계에서부터 여론의 심한 반대에 부딪혔다. 흉물 같은 거대한 철골 구조물이 파리의 아름다운 풍경을 해칠 것이라며 일침이 쏟아졌다. 파리의 문화 예술계에서도 큰 반발이 있었다. 기 드 모파상과 에밀 졸라 등 문인들은 박람회가 끝나면 허물어 버려야 한다고 주장하기도 했다. 반대가 거세자 결국 에펠탑은 박람회를 기념하기 위해 20년 정도만 보존하다가 철거하는 것으로 결정되었다.

시간이 흘러 1907년이 되었을 때, 예정대로 에펠탑을 허물기 위해 논의가 이어지던 중 뜻밖의 상황이 벌어졌다. 당시 프랑스에서는 라디오 방송이 갓 시작되었는데, 방송을 송출하기 위한 송신탑이 필요했다. 에펠탑은 높이가 320미터로 파리 시내에 라디오 방송을 전파하기에 제격이었다. 결국 에펠탑은 송신탑 역할

에펠탑은 1900년에 개최된 파리 만국박람회를 기념하는 상
징탑으로 지어졌다.

을 하게 되면서 철거를 면할 수 있었고, 오늘날 파리를 대표하는
상징물이자 전 세계인에게 사랑받는 건축물이 되었다.

진로 찾기 **도시계획가**

건물은 홀로 존재하지 않는다. 도시와 마을 속에서 다른 건물들과 어울려 존재한다. 인간 사회도 다르지 않다. 사람은 무인도에서 혼자 살지 않고 가족, 학교, 일터 등에서 무리를 지어 생활한다. 따라서 건물만 지을 것이 아니라 반드시 도시 전체를 계획해야 한다. 예를 들어 아파트 단지를 짓는다고 하면 주변에 학교가 있는지, 지하철역이나 버스 정류장은 얼마나 떨어져 있는지, 대형 발전소나 공장처럼 공해와 소음을 일으키는 시설은 없는지 등을 두루 살펴야 한다. 이처럼 건물 하나를 설계하는 것이 아니라, 어떤 지역에 어떤 시설을 배치할지를 더 거시적인 차원에서 계획하는 것을 도시 계획이라고 한다. 이를 전문으로 하는 사람이 바로 도시계획가다.

정확한 명칭은 도시계획기술사이며, 도시 계획 분야에 관한 전문 지식과 실무 경험을 바탕으로 지역 단위의 계획과 설계를 한다. 도시계획가들의 진로를 살펴보자. 교통직 공무원을 비롯해 한국토지공사, 대한주택공사, 도시개발공사 등 각종 정부 기관에서 일할 수 있다. 또한 대형 건축설계사무소에서는 건축 설계 외에 도시 설계 팀을 따로 운영하는 경우도 많다. 그밖에도 부동산 개발 및 컨설팅 업체 등에서 일하기도 한다. 석사·박사 학위를 취득하면 연구원이나 대학교수로 일하는 길도 열린다.

도시계획가가 되는 방법은 앞서 설명한 건축사, 건축구조기술사, 건축시공기술사가 되는 방법과 비슷하다. 대학이나 대학원에서 건축학 또는 도시계획학을 전공한 뒤 이와 관련된 실무 경험을 쌓고, 국가에서 주관하는 시험에 합격해야 한다. 관련 자격증으로는 도시계획기술사, 도로 및 공항기술사 등이 있다.

최근에는 전염병, 기후 변화 등의 영향으로 환경 문제에 대한 경각심이 높아지고 있다. 그래서 친환경적이면서도 자연재해로부터 안전한 도시를 요구하는 목소리도 점차 커지고 있다. 시민들이 쾌적한 삶을 누릴 수 있는 도시 환경이 중요해지면서 앞으로 도시계획가의 역할이 더욱 중요해질 것으로 보인다.

또한 도시에서 생길 수 있는 다양한 교통·환경·주거 문제를 첨단 정보통신 기술을 통해 해결하는 스마트 시티smart city가 미래형 도시로 주목받고 있다. 따라서 미래의 도시계획가는 도시에 관한 지식뿐만 아니라 각종 첨단 기술을 이해하는 능력도 갖추어야 할 것이다.

새집에 이사하기 전 인테리어 공사를 하는 일이 많다. 이때 인테리어 공사를 담당하는 사람을 인테리어 디자이너 또는 실내건축 디자이너라고 한다. 일반적으로 건물을 설계하고 짓는 일은 건축설계사무소에서 맡고, 이미 다 지어진 건물의 인테리어는 전문 인테리어 업체에서 따로 맡아 작업한다.

실내건축 디자이너의 역할은 단순히 주택 인테리어에만 머무르지 않는다. 식당, 카페, 사무 공간을 비롯해 병원, 예식장, 스포츠 레저 시설, 호텔, 테마파크, 백화점 디스플레이 등 전문적인 공간까지도 실내건축 디자이너의 손을 거쳐 아름답고 편리한 공간으로 탈바꿈한다.

실내건축 디자이너가 되기 위해 필요한 능력에는 무엇이 있을까? 우선 예술적이고 창의적이어야 한다. 당연히 설계와 시공 등 건축에 관한 기본적인 소양도 갖추어야 한다. 사람들이 좋아하는 공간이 무엇인지를 파악하는 이해도도 높아야 한다. 실내 디자인은 대중의 선호와 욕구에 따라 유행이 바뀌고는 한다. 그에 따라 새로운 디자인도 계속해서 등장하고 있기에 변화하는 흐름에도 꾸준히 관심을 두어야 한다.

디자인 감각을 기르기 위해서는 평소에 다양한 공간을 둘러보는 것이 도움이 된다. 전시회에 가면 독특한 작품을 관찰하고, 길거리에서 눈에 띄는 조형물이나 상점을 발견하면 어떤 특징이 있는지 살펴보고 기록해 두는 것이다.

실내건축 디자이너로 일하려면 자격증을 취득해야 한다. 실내건축기사, 실내건축산업기사, 실내건축기능사 등의 자격증이 있다. 대학교에서는 실내건축디자인학과, 실내디자인학과, 실내환경디자인학과, 인테리어디자인학과 등의 전공을 선택해 공부하는 것이 좋다. 설계와 시공 등의 기본적인 건축 기술과 함께 리모델링, 가구 디자인, 실내 장식, 색채 관리 등 디자인과 관련된 지식을 배울 수 있다.

우리 사회가 과거에 비해 경제적으로 풍요로워지면서 인테리어와 리모델링에 대한 수요도 늘어나고 있다. 생활 수준이 높아지면서 사람들은 아름답고 세련되면서도 적절한 기능을 갖춘 공간을 더 원하게 되었다. 리모델링 분야의 시장 규모는 2030년 46조 원으로,

2019년과 비교해 2.5배 급성장할 전망이다. 따라서 앞으로 실내건축 디자이너를 필요로 하는 곳은 계속 늘어날 것으로 보인다.

4장

전통이 보이는 건축

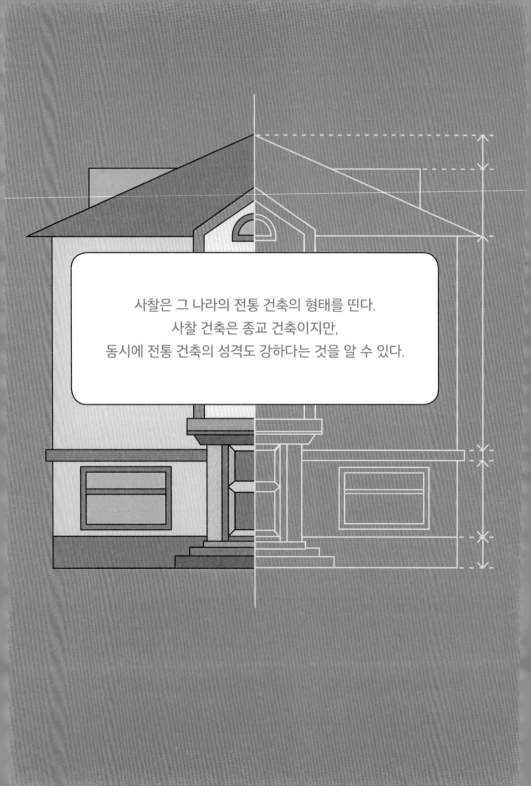

사찰은 그 나라의 전통 건축의 형태를 띤다.
사찰 건축은 종교 건축이지만,
동시에 전통 건축의 성격도 강하다는 것을 알 수 있다.

박물관
: 소리 없는 연극 무대

2005년 10월 서울 용산에 국립중앙박물관이 지어졌을 때 사람들은 의문스럽게 생각했다. 커다란 박스 형태의 건물 2개가 나란히 놓인 모습이 밋밋할 정도로 단순해 보였기 때문이다. 우리나라 문화재를 전시하는 박물관이기에 당연히 기와지붕을 올리는 전통 양식으로 지으리라고 기대했던 이들은 실망감을 드러냈다. 국립중앙박물관은 어떤 이유에서 현대적인 형태로 지어진 것일까?

박물관 건축의 새로운 흐름

파리에 가면 루브르 박물관Musée du Louvre이 있고, 런던에 가면 대영 박물관The British Museum이 있고, 뉴욕에 가면 메트로폴리탄 박물관The Metropolitan Museum of Art이 있다. 해외여행을 가면 대부분 박물관 관람을 꼭 한 번은 하게 마련이다. 그렇기에 나라마다 국립박물관은 반드시 있어야 한다고 생각한다. 박물관이 일반인에게 개방된 역사는 길게 잡아 200년 정도다. 지금과는 달리 과거에는 귀한 유물을 함부로 공개해서는 안 된다고 여겼다.

18~19세기 유럽의 많은 국가에서 절대왕정이 무너지고 민족국가가 세워지면서 왕실 수집품이 박물관이라는 공간을 통해 일반인에게 공개되었다. 프랑스의 루브르 박물관과 베르사유 궁전, 러시아의 에르미타주 박물관Hermitage Museum은 원래 궁전이었지만, 오늘날에는 박물관으로 쓰이고 있다. 애국심을 드높일 목적으로 박물관을 세우기도 했다. 역사적으로 가장 많은 식민지를 거느렸던 영국은 대영 박물관을 만들어 이집트, 인도, 아프리카 국가 등 외국에서 약탈한 유물들을 전시했다. 후발 주자였던 한국, 중국, 일본 등 아시아 국가들은 20세기에 이르러 앞서 생긴 박물관을 모방해 전통 양식으로 박물관을 지었다.

그러나 2000년대부터는 공공건물을 전통 양식에 따라 짓는 일이 드물어지고 있다. 기존의 방식은 1960~1970년대 독재 시대의 유산일 뿐이다. 이제 우리나라는 공공건물을 지을 때 세계화에 발맞춰 국제 설계 공모전을 여는 경우가 많다. 또한 박물관은 애국심을 높이는 목적이 아닌 객관적인 정보를 전달하는 공간으로 변화하고 있다. 유물 관람은 물론이고 시대의 요구에 맞춰 체험, 교육 등 다양한 기능을 더하기도 한다. 현재의 박물관은 정치

색이 빠지면서 전통 양식 대신 다양한 기능을 담아 내는 기능주의 건축이 중요해지고 있다. 국립중앙박물관도 바로 이러한 맥락에서 등장하게 되었다.

박물관의 동선 설계

건축 계획에서 가장 중요한 것은 프로그래밍이다. 앞에서 설명했듯이 프로그래밍이란 공간의 주 사용자를 파악하고 예상되는 동선에 맞춤해 설계하는 것을 말한다. 그렇다면 박물관은 어떻게 프로그래밍해야 할까?

박물관을 가장 많이 이용하는 사람은 관람객이고, 그다음은 박물관 직원이다. 유물의 동선도 생각해야 한다. 건물은 사람뿐만 아니라 건물을 이루는 모든 것의 동선을 고려해 만들어진다. 고속버스터미널에서는 버스, 기차역에서는 기차, 공항에서는 비행기의 동선이 사람의 동선만큼 중요하다.

관람객은 유물을 보기 위해 박물관을 찾는다. 그렇기에 유물을 보여 주는 방식이 중요하다. 똑같은 유물이라도 어떻게 구성하느냐에 따라 분위기는 완전히 달라진다. 그렇다면 박물관을 보여 주는 방법에는 어떤 것들이 있을까?

관람객은 유물을 보기 위해 박물관을 찾는다. 그렇기에 유물을 보여 주는 방식이 중요하다.

박물관을 보여 주는 두 가지 방법

박물관의 전시 방법은 크게 두 가지로 나뉜다. 시대순으로 보여 주는 방법과 항목별로 보여 주는 방법이다. 국립중앙박물관은 1층은 시대순으로, 2층은 항목별로 구성되어 있다.

국립중앙박물관 1층에 가면 벽에 걸린 한반도 지도가 가장 먼저 눈에 들어온다. 지도에는 구석기 시대의 유적지가 표시되어 있다. 그다음 한국사 교과서를 펼쳐 놓은 듯 우리 민족의 역사를 시대별로 전시한다. 신석기 시대, 청동기 시대, 삼국 시대를 지나 고려와 조선 시대를 거쳐 일제 강점기 이후 대한민국에 이르는 역사를 보여 준다. 이처럼 시간의 흐름에 따라 전시하는 방법을 순차적 구성이라고 한다. 특정한 메시지를 전달할 목적으로 사용하며, 과거에는 대부분 순차적 구성을 택해 애국심을 고취하고자 했다. 그 예로 전쟁 박물관이 있다. 그런데 이렇게 전시하다 보면 중간부터 관람을 시작하거나 순서를 거스를 수 없고, 중간에 관람을 포기하기도 어렵다.

현대의 박물관은 항목별 구성에 따라 전시하는 것이 일반적이다. 항목별 구성이란 백과사전처럼 객관적인 정보를 전달하는 것을 목적으로 하는 전시 방법이다. 조선백자, 고려청자, 불교탱화, 서화처럼 항목별로 나누어 보여 주는 식이다. 요즘에는 자동차 박물관, 카메라 박물관처럼 특정 분야의 전시물을 모아 전시하는 박물관이 점차 많아지는 추세다.

박물관은 연극 무대와 같다. 관객의 시선에서는 객석과 무대만 보이지만, 유물과 직원의 시선에서는 무대 뒤 숨겨진 공간도 보인다.

현대의 박물관은 관람 외에도 체험, 학습 등 다양한 프로그램을 운영한다. 그렇기 때문에 관람 동선과 운영하는 프로그램 동선을 분리하는 것이 중요하다. 국립중앙박물관의 경우, 2개의 건물을 각각 전시동과 교육관체험관, 극장, 특별전시관 포함으로 나누어 동선이 겹치지 않도록 했다.

박물관은 연극 무대와 같다

박물관은 연극 무대와 같다. 관객의 시선에서는 객석과 무대만 보이지만, 유물과 직원의 시선에서는 무대 뒤 숨겨진 공간도 보인다. 우리 눈에 보이는 것보다 박물관 안에는 훨씬 많은 유물이 있고, 유물을 관리하고 연구하고 보존하는 많은 직원이 있고, 직원을 위한 공간도 있다.

직원도 박물관의 또 다른 이용자다. 관람객에 비해 인원은 적지만 박물관에 훨씬 오래 머문다. 관람객은 어느 날 한 번 와서 1~3시간 머물다 떠나지만, 직원은 박물관에서 하루 8시간 이상 일한다. 그렇기에 직원들이 편안하게 일할 수 있는 공간이 마련되어야 한다. 무엇보다 관람객과 동선을 분리하는 것이 중요하다. 박물관은 항상 많은 관람객이 오가기 때문에 방해받지 않고 조용히 일할 수 있는 환경을 만들어야 한다.

박물관은 연극 무대와 같다고 했다. 무대 위에 배우를 올리듯 박물관은 유물을 전시해 이야기를 들려주는 공간이라고 할 수 있다. 연극을 보는 관객들의 몰입을 깨지 않으려면 동선을 잘 관리해야 한다. 이를테면 배우의 분장실과 휴게실은 관객의 동선과 철저히 구분되어야 한다. 분장한 배우가 분장실 한구석에 앉아 라면을 먹고 있는 모습을 관객이 우연히 본다면 어떻게 될까? 연극의 몰입도는 순식간에 깨지고 말 것이다.

박물관도 마찬가지다. 박물관은 우리나라의 전통문화가 얼마나 우수했는지를 보여 주기 위해 유물을 활용한다. 건축가는 이를 더욱 극적으로 보여 주기 위해 관람객이 어떤 공간에서 어떻게 유물을 보게 할 것인지를 고민해야 한다.

유물 보존실은 어디에 둘까?

박물관은 소장하고 있는 모든 유물을 전부 전시하지는 않는다. 박물관의 기원이 수집이었듯이 박물관은 전시 말고도 유물을 수집해 훼손되지 않게 보존하는 기능도 한다. 귀중한 유물을 일반인에게 공개해 널리 알리는 일만큼 잘 보존해서 후대에 남기는 일도 중요하다.

유물은 노출이 잦아지면 빛, 온도, 습도 등의 이유로 미세하게 손상이 생긴다. 작은 손상이 100년, 200년 쌓이다 보면 심각한 문제가 된다. 때로 도난이 일어나기도 해서 정말 귀중한 유물은 진품은 보존실에 두고 복제품을 만들어 전시하기도 한다. 따라서 전시실과 보존실은 영역을 분리해야 한다. 대개 보존실은 직사광선이 들지 않고 온도와 습도에 크게 영향을 받지 않는 지하에 마련하고는 한다.

성당
: 최고의 생명력을 자랑하는 건축

유럽 여행을 하다 보면 다양한 건축물을 마주하게 된다. 그중 가장 아름다운 것은 중세의 성당과 바로크 시대의 궁전이다. 놀랍게도 그 옛날에 지어진 성당들은 아직까지 성당으로 사용되고 있다. 그중에는 약 1,000년 전에 만들어진 것도 있다. 300여 년 전에 지어져 지금은 박물관으로 개조된 궁전과 비교했을 때 더욱 놀랍다. 오래된 성당은 어떻게 지금까지도 견고함을 유지하는 것일까?

또 하나 놀라운 것은 성당만의 신비로운 분위기다. 높은 천장과 반짝이는 스테인드글라스, 섬세하게 그려진 벽화 등을 보고 있으면 감동은 물론이고 성스러움까지 느껴진다. 과거 성당을 설계한 건축가들은 어떤 방법을 통해 아름다움을 구현했을까?

놀랍게도 그 옛날에 지어진 성당들은 아직까지 성당으로 사용되고 있다.

유럽에서 성당 건축이 발달한 이유는 중세에 기독교가 전파된 배경과 관련이 깊다. 중세 성당은 11~12세기에 나타나기 시작했지만, 사실 기독교는 그보다 훨씬 이전에 유럽에 들어왔다. 성당이 생겨나기까지 약 700~800년이라는 시간이 걸린 것이다.

성당으로 변신한 고대 로마의 토론장

유대교가 탄생했을 때도, 예수가 태어난 무렵에도 교회나 성당이라고 부를 만한 건물이 없었다. 당시 중동 지역에 사는 이들은 농사를 짓지 않고 유목 생활을 했다. 일정한 거처 없이 옮겨 다니며 천막에서 살았기 때문에 예배당 건축은 이루어지지 않았다. 이후 로마에 기독교가 전파되었지만 많은 박해를 받았다. 그래서 이때도 예배당은 지어지지 않았고, 기독교인은 신자들의 집에 몰래 모여 예배를 보았다.

313년 로마 황제 콘스탄티누스 1세가 기독교를 공인하면서 공식적으로 예배를 볼 수 있게 되었다. 그러자 많은 기독교인들이 한곳에 모일 예배당이 필요했다. 급한 대로 로마에 많이 있던 바실리카를 예배당으로 사용하기 시작했다. 소박하고 실용적으로 만

> **바실리카Basilica**
>
> 로마에서 공공건물로 사용되던 넓고 큰 건물이다. 공화정이 발달했던 로마에는 시민들이 모여 토론과 집회를 벌이는 시설로 바실리카가 많이 지어졌다. 큰 건물이어서 많은 사람이 모여 예배를 보기에 적합했다.

들어진 바실리카는 여러 사람이 모이기 쉽고 집회, 토론, 강연을 하기 좋은 단순한 구조로 되어 있었다. 앞뒤로 길쭉한 직사각형 형태였다.

4~5세기 무렵에는 바실리카의 규모가 점차 커졌다. 폭이 50~60미터, 깊이가 80~90미터까지 커졌는데, 자그마치 수백 명이 모일 수 있는 크기였다. 그러면서 예배당만의 특색이 생겨났다. 공간을 널찍하게 만들려면 내부에 기둥을 많이 세워야 한다. 바실리카는 이전과는 전혀 다른 방식을 사용했다. 직사각형 공간을 세로 방향으로 3등분해서 기둥을 배치했다. 또한 내부는 네이브nave, 신랑, 아일aisle, 측랑, 애프스apse, 후진로 영역을 나누었다. 네이브는 중앙의 넓은 공간으로 고참 신도들이 자리했고, 아일은 그 주변 공간으로 신참 신도들이 자리했다. 가장 안쪽에 위치한 반원형 공간인 애프스에는 제단과 주교좌가톨릭 성당에서 주교가 앉는 의자를 두었다. 이러한 변화와 함께 단순한 집회 공간이었던 바실리카는 성당의 기본 모양을 완성했고, 이후 고딕Gothic 양식으로 발전했다.

길고 높은 벽을 만드는 방법

고딕 성당이 가장 화려하게 발달한 나라는 프랑스다. 그중 유명한 곳이 노트르담 대성당Cathédrale Notre-Dame이다. 노트르담은 영어로 옮기면 'our lady' 또는 'our madame'으로, 성모 마리아를 의미한다. 노트르담 대성당은 1163년에 공사를 시작해 1345년에 완공되었다. 성당의 내부는 길이가 140미터, 높이가 38미터, 천장 높이는 33미터에 달했다.

성당의 길이가 140미터라면 140미터에 이르는 긴 벽을 세워야 한다. 이렇게 길고 높은 벽은 만들기가 무척 어렵다. 중세 초기에는 벽을 두껍게 세우는 방법을 사용했다. 하지만 벽이 두꺼우면 창을 작게 내게 되어 내부가 어둡고 답답해진다. 11세기에는 새로운 기술이 개발되었다. 버트레스buttress라고 하는 일명 버팀벽 방식이다. 높다란 벽이 쓰러지지 않도록 벽 바깥에 2~3미터 폭의 작은 벽들을 수직으로 받치는 것이다. 12세기에는 가벼운 무게감이 특징인 플라잉 버트레스flying buttress가 발달했다. 노트르담 대성당 외부 벽에는 기둥과 기둥을 잇는 아치 모양의 구조물이 붙어 있는데, 이것이 바로 플라잉 버트레스다. 노트르담 대성당은 플라잉 버트레스를 이용해 140미터에 이르는 긴 벽을 세울 수 있었다. 한편 그리스정교의 성당이 둥근 모양의 돔 지붕을 덮었다면, 로마 가톨릭의 성당은 반원 모양의 볼트vault, 穹窿 지붕을 덮었다. 버트레스와 볼트 지붕은 중세 성당이 보이는 가장 큰 특징이다.

건축으로 성스러움을 표현하다

모든 종교는 성聖과 속俗, 선善과 악惡을 명확히 구분한다. 성당은 이를 건축적으로 해석해 성당의 안과 밖을 완전히 달리 보이게 만들었다. 성당 밖에는 요철이 심한 파사드^{façade}를 만들었다. 파사드란 사람의 얼굴에 해당하는 건물의 전면부를 말한다. 성당 입구에는 괴수 모양의 조각도 두었는데, 실제로는 지붕의 빗물을 배출하는 홈통이다. 파사드와 괴수 조각상은 석양빛을 받으면 짙은 그림자를 드리우면서 보는 사람에게 기괴한 인상을 준다. 그런데 성당 문을 열고 안으로 들어가면 음산한 기운은 온데간데없이 사라지고 빛의 향연이 펼쳐진다. 벽에 수직으로 길게 난 창의 스테인드글라스로 다채로운 빛이 들어오기 때문이다.

중세에는 촛불 외에 다른 조명이 없어서 건물 내부가 어두운 편이었다. 더구나 성당의 입구에서 가장 안쪽에 있는 애프스까지의 거리는 100미터가 넘었다. 건물의 길이가 긴 만큼 빛이 충분히 들기 어려웠다. 어두운 실내에 빛을 받아 반짝이는 스테인드글라스는 극적인 효과를 내기에 충분했다. 스테인드글라스에는 성모와 예수 그리고 천사의 모습이 그려졌는데, 성경의 내용을 재현한 것이 대부분이었다. 성당에 들어서서 긴 복도를 걷다 보면 천국에 온 듯한 착각을 불러일으켰다. 어둡고 긴 복도는 고단한 현실을, 스테인드글라스는 성경을 상징했다. 즉 성경의 뜻에 따라 살다 보면 천국에 이를 수 있다는 교리를 건축적으로 재현한 것이 중세 성당이었다.

소박하지만 아름다운 한국의 성당

우리나라 최초의 고딕 양식 가톨릭 성당은 1898년에 지어진 명동성당이다. 명동성당은 대한민국의 근현대사와 함께한 역사적인 건축물로, 오늘날 서울의 명소로 꼽힌다.

우리나라에 천주교가톨릭가 들어온 것은 18세기 무렵이었다. 천주교는 초기에 많은 박해를 받았다. 로마에서 기독교가 박해받던 시기에 성당을 짓지 못했던 것처럼 당시 우리나라도 마찬가지였다. 마땅한 성당 없이 신자들 집에 몰래 모여 예배를 보았다. 그러다가 1886년 한국과 프랑스가 한불수호통상조약을 맺으면서 천주교가 종교로 받아들여졌다. 더 이상 숨어서 종교 활동을 하지 않아도 되자 프랑스 신부들이 국내에 많이 들어오기 시작했다. 그러면서 가톨릭 성당이 등장할 계기가 마련되었다.

명동성당은 순교자 김범우의 집터를 사들여 1892년에 공사를 시작했다. 지금의 명동은 매우 번화하지만 그때는 남산 밑에 자리 잡은 조용한 동네였다. 그리고 6년이 지난 1898년에 명동성당이 완공되었다. 그 규모는 길이 65미터에, 폭 20미터, 성당에서 가장 높은 첨탑까지의 높이는 39미터였다.

명동성당은 유럽의 대성당들이 주로 돌을 사용해 짓는 것과 달리 벽돌을 사용해 지어졌다. 당시 우리나라의 벽돌 건축은 그다지 발달하지 않았다. 벽돌 쌓는 기술이 있는 장인도 없었고, 재료를 구하기도 어려웠다. 분황사 모전석탑이나 백제 무령왕릉 등

벽돌로 지은 건축물이 있기는 했지만 삼국 시대 이후에는 눈에 띄는 벽돌 건물이 나오지 않았다. 그 대신 목조 건축이 발달해 초가삼간세 칸으로 된 초가집에서 99칸 저택까지 나무로 뼈대를 짜 집을 짓는 것이 일반적이었다. 그럼 명동성당은 어떻게 지금의 모습으로 완성되었을까? 궁여지책으로 중국의 노동자와 기술자 들을 데려와 벽돌부터 하나하나 만들면서 성당을 지어 올렸다.

그 당시 우리나라의 성당 건축은 주로 프랑스 선교사들이 맡아 진행했다. 건축가가 아닌 가톨릭 신부가 성당 설계를 하는 것은 오래전부터 이어져 온 흔한 일이었다. 18~19세기 유럽에서는 성당을 지을 때 큰 그림은 신부가 그렸고, 건축가는 자세한 설계 도면을 만들고 공사를 감독하는 일을 했다. 그래서 신학교 교과 과정에는 성당 건축에 관한 과목도 있었다.

명동성당 역시 프랑스에서 온 코스트 신부가 설계와 공사 감독을 맡았다. 코스트 신부는 명동성당을 설계하기 전 1890년에 주교관현재 사도회관을 짓기도 했다. 그는 신부였지만 건축가로서 재능도 뛰어났던 듯하다. 하지만 코스트 신부는 명동성당이 완공되는 것을 보지 못하고 1896년 장티푸스에 걸려 사망했다. 이후 프아넬 신부가 뒤를 이어 건축을 끝까지 진행했다.

명동성당은 유럽의 대성당에 견줄 만큼 규모가 큰 성당은 아니다. 하지만 우리나라 최초의 가톨릭 성당이라는 점에서 의미가 있다. 명동성당은 뒤이어 지어진 우리나라의 가톨릭 성당의 본보

오늘날 우리나라의 성당이라고 했을 때 떠오르는 이미지는
모두 명동성당에서 비롯된 것이다.

기가 되었다. 이후 프아넬 신부가 설계한 익산 나바위 성당이 명동성당과 매우 비슷하다. 돌이 아닌 벽돌로 지은 성당, 소박한 아름다움이 있는 성당 등 오늘날 우리나라의 성당이라고 했을 때 떠오르는 이미지는 모두 명동성당에서 비롯된 것이다.

사찰
: 나라의 색이 묻어나는 전통 건축

경주 토함산에서 보는 해돋이는 무척 아름답기로 유명하다. 새벽부터 일어나 어둑어둑한 산길을 오르는 일은 고되지만, 토함산의 일출은 모든 고생을 보상할 만큼 장관이다. 붉은 비단을 펼쳐 놓은 듯한 바다 위로 마침내 해가 떠오르면 석굴암 본존불석가모니불의 얼굴이 환하게 빛나기 시작한다. 이처럼 아름다운 불교 건축에는 어떤 원칙이 숨어 있을지 알아보자.

사찰은 왜 전통 한옥일까?

유럽 건축에서 중세 성당이 차지하는 위상이 크듯이 동아시아 건축은 사찰을 비롯한 불교 건축의 영향을 크게 받았다. 아시아의 중세는 불교가 지배했기 때문이다. 우리나라의 불교는 삼국 시대에 처음 받아들여졌고 고려 시대에 크게 유행했다. 유교를 근본으로 삼은 조선 시대에는 탄압받기도 했다. 하지만 이미 백성들의 삶에 깊숙이 자리 잡은 불교를 하루아침에 없앨 수는 없었다. 삼국 시대나 고려 시대에 지어진 사찰은 조선 시대를 지나 오늘날 1,000년의 역사를 지닌 유럽의 성당과 어깨를 나란히 할 만한 한국의 '1,000년 고찰古刹'이 되었다.

우리나라에 불교가 처음 들어왔을 때 사찰이 어떤 모습이었는지에 관한 정확한 기록은 남아 있지 않다. 다만 독실한 불자가 마련한 집을 사찰로 이용했을 것으로 짐작된다. 불교 경전에 따르면 부처는 주로 나무 밑에서 수행했고, 깨달음을 얻은 뒤에도 야외에서 불교의 가르침을 전파했다. 인도의 기후가 무덥고 습한 탓에 대부분 야외 활동을 했기 때문이다. 이후에는 왕이나 지방의 부호들이 베푼 정원이나 집에 머물며 불교를 설파했다고 전해진다. 이것이 최초의 사원寺院이라고 할 수 있다. 이때까지는 특정한 사찰의 모습이 드러나지 않았다.

한국의 사찰은 단청이나 꽃살창문살에 꽃무늬를 새긴 창 등 몇 가지 장식을 빼면 여느 한옥 건축과 다를 바가 없다. 불교

> **단청丹青**
>
> 우리나라 사찰이나 궁궐 등 전통 목조 건축에서 흔히 볼 수 있는 장식. 음양오행陰陽五行 사상에 따라 오방색인 청색, 적색, 황색, 백색, 흑색으로 무늬를 그려 넣는다. 단청으로 장식을 하는 데에는 크게 두 가지 이유가 있다. 건물을 아름답게 보이게 하는 동시에 위엄을 나타내고, 목재가 썩는 것을 막는다.

가 시작된 인도의 건축 양식이 아닌 우리나라 전통 한옥의 모습으로 지어지고는 했다. 이는 일본, 중국, 태국, 티베트 등 다른 나라들도 마찬가지다. 사찰은 그 나라의 전통 건축의 형태를 띤다. 사찰 건축은 종교 건축이지만, 동시에 전통 건축의 성격도 강하다는 것을 알 수 있다.

고구려와 백제에 불교가 들어온 것은 4세기 말이었다. 하지만 사찰이 본격적으로 세워진 것은 6~7세기였다. 신라가 삼국을 통일하던 무렵에 유명한 사찰들이 생겨났다. 법주사553년, 통도사646년, 부석사676년, 범어사678년, 불국사751년 등이 대표적이다.

중요한 건물일수록 뒤에 배치한다

일반적으로 건물은 앞에서 뒤로 갈수록 위계가 높다. 어느 회사의 사장실에 간다고 가정해 보자. 안내 데스크를 거친 후 비서실을 지나야 사장실에 갈 수 있다. 여러 채의 건물로 이루어진 사찰은 어떨까? 우리나라 사찰은 산 중턱이나 구릉지처럼 지대가 높고 경사진 곳에 자리 잡는 것이 특징이다. 그래서 중요한 건물일수록 뒤에 배치하면 가장 눈에 띄게 할 수 있다. 국토의 70퍼센트가 산지인 우리나라 지형을 잘 이용한 것이기도 하다.

그 예로 경북 영주의 부석사를 보면 사찰의 이러한 특성을 이해할 수 있다. 부석사 입구를 지나면 안양루라는 누각이 나온다. 안양루는 봄여름, 가을에 많은 사람이 모여 법회를 여는 장소로

우리나라 사찰은 산 중턱이나 구릉지처럼 지대가 높고 경사진 곳에 자리 잡는 것이 특징이다.

사용된다. 안양루를 지나면 배흘림기둥으로 유명한 무량수전이 나온다. 우리나라에서 두 번째로 오래된 건물로 알려진 무량수전은 고려 1016년^{현종 7년}에 원래 건물을 헐고 다시 지은 것이다. 무량수전은 소조 아미타여래좌상을 모시는 대웅전이기도 하다. 무량수전 뒤편에는 의상대사의 영정을 모신 조사당이 있다. 이처럼 안양루, 무량수전, 조사당으로 이어지는 건물들이 산자락에 순서대로 놓이면서 중요한 건물일수록 뒤쪽 높은 지대에 자리 잡은 것을 볼 수 있다.

봉황산 자락에 있는 부석사는 우리나라를 대표하는 매우 오래된 사찰이다. 삼국을 통일한 직후인 676년에 의상대사가 지었으니 그 역사가 무려 1500여 년이다. 통일신라 말기 경문왕 때 좀 더 큰 규모로 다시 지어 현재의 모습에 이르게 되었다.

사찰의 문이 3개인 이유

'집도 절도 없다'라는 우리나라 속담이 있다. 갈 곳이 없어서 막막한 상황을 이르는 말이다. 그런데 '절도 없다'라는 말은 어디서 나온 것일까? 과거에는 당장 돌아갈 집이 없는 사람들이 급한 대로 절에서 며칠간 머물 수 있었다. 부처님의 대자대비^{大慈大悲, 크고 넓은 마}음를 상징하는 사찰은 울타리나 담장 없이 누구에게나 열려 있었기 때문이다. 그렇다고 정말 아무나 들어오면 곤란하다. 시정잡배들이 몰려와 대웅전 앞마당에서 고기를 굽고 술판을 벌이기라도 하면 큰일이기 때문이다. 그래서 사찰은 열려 있으면서도 믿음이 깊은 사람만 들어올 수 있도록 교묘히 지어진다.

교회나 성당은 보통 시내에 있지만 사찰은 산속에 자리한다. 30분~1시간 정도 산길을 걸어야 사찰에 닿을 수 있다. 사찰까지 가는 길이 멀고 고되다 보니 자연스럽게 예불을 드리기 위한 사람만 사찰을 찾게 된다. 그 길을 걸으며 속세에서 때 묻은 마음도 어느새 평온해진다.

사찰에 들어가려면 가장 먼저 일주문을 지나야 한다. 일주문은 2개의 기둥을 한 줄로 놓은 문으로, '이 문을 지나면 사찰의 영역입니다'라는 의미를 지니고 있다. 일주문을 지나면 주변은 한층 더 고요해지고 길은 조금 더 가팔라진다. 얼마 동안 걷다 보면 두 번째 문인 금강문을 만나게 된다. 부처님이 계시는 세계인 불국토를 지키는 금강역사가 무예를 부리는 자세로 양쪽 문에 하나씩 그려져 있다. 금강역사란 불도를 닦는 데 쓰는 도구인 금강저를 들고 불교를 수호하는 신을 뜻한다. 입을 열고 있는 역사를 '아금강역사', 입을 다물고 있는 역사를 '훔금강역사'라고 한다. 여기서 '아'는 만물의 시작이고, '훔'은 만물의 끝을 의미한다.

금강문을 지나면 산길의 경사는 더 심해진다. 그리고 곧 천왕문이 나온다. 사찰에 들어가기 전 많은 이가 천왕문의 모습에 큰 인상을 받는다. 천왕문에는 사천왕들이 목상^{나무로 만든 불상}으로 서 있는데, 사람보다 큰 목상 4개가 눈을 치뜨고 있어서 사뭇 무서

사찰에 들어서기 전 무시무시한 사천왕을 지나야만 그 뒤에
펼쳐질 사찰의 내부가 더욱 극적일 수 있다.

움이 느껴지기 때문이다. 사실 무서운 것이 당연하다. 앞서 노트르담 대성당 입구 위에 괴수 조각상을 놓은 이유에 관해 이야기했다. 성당 문을 열고 안으로 들어가면 성당 밖의 음산함은 사라지고 아름답고 평화로운 분위기가 느껴진다. 마찬가지로 사찰에 들어서기 전 무시무시한 사천왕을 지나야만 그 뒤에 펼쳐질 사찰의 내부가 더욱 극적일 수 있다. 번뇌나 굴레를 벗어난 세상을 뜻하는 불국정토佛國淨土처럼 느껴질 것이다.

정리해 보면, 시장바닥처럼 떠들썩한 속세에서 불국정토에 닿으려면 3개의 문을 지나야 한다. 여러 문을 거치게 하는 것은 속俗에서 성聖에 이르게 하는 수단이라고 할 수 있다.

사찰은 동향으로 짓는다

사찰 안으로 들어오면 가장 먼저 범종각또는 범종루을 볼 수 있다. 범종각은 커다란 범종절에서 시간을 알리거나 사람을 모을 때 쓰는 종이 걸린 누각이다. 범종뿐만 아니라 대고라고 하는 큰 북이나 물고기 모양의 목어, 구름 모양의 운판도 있다. 예불 시간을 알리기 위해 종을 치고 북을 두드리고는 한다. 이때 사람을 비롯해 물에 사는 물고기와 하늘에 사는 새들에게도 부처님의 자비가 널리 미치기를 바란다는 뜻에서 목어와 운판도 함께 두드린다.

범종각 다음에는 대웅전이 있다. 대웅전은 가장 크고 중요한 건물로, 본존불을 모시는 곳이다. 유럽의 성당은 서향인 반면 동아시아의 사찰은 동향이다. 밤새 수행을 정진한 부처님이 샛별을 보고 깨달음을 얻었다는 일화도 있듯이 불교에서는 새벽 예불을 중시한다. 그래서 대웅전은 본존불이 아침 해를 정면으로 받을 수 있도록 동향으로 지어진다. 또한 본존불 말고 다른 부처를 더 모신다면 그에 따라 불당을 더 놓는다.

사찰에 남아 있는 민간신앙의 흔적

사찰에는 삼성각이라는 건물도 있다. 사람의 목숨을 관장하는 칠성신, 복을 관장하는 독성신, 재물을 관장하는 산신을 모신 곳이다. 절의 규모에 따라 칠성신만 모시는 칠성각, 산신만 모시는 산신각 등으로 지어지기도 한다. 산신각에는 호랑이를 탄 산신령의 모습이 그려져 있어 금세 알아볼 수 있다. 그런데 생각해 보면 산신령이나 칠성신 등은 불교의 부처가 아니라 한국의 전통 민간신앙의 신들이다. 불교의 사찰에 민간신앙의 신들도 함께 모시는 이유는 무엇일까? 불교가 오랜 시간 전승되면서 우리의 민간신앙과 하나로 합해졌기 때문이다. 불교의 사찰이 인도의 건축 양식이 아닌 우리의 전통 건축 양식으로 지어진 것과 매한가지다. 이는 불교가 이 땅에서 1,500여 년 동안 이어져 온 역사를 증명한다.

이 밖에도 사찰에는 여러 건물이 있다. 절을 세우거나 덕이 높은 고승의 영정을 모시는 조사당과 불경을 인쇄하는 각종 목판을 보관하는 장판각도 있다. 또한 스님들이 생활하는 요사채와 먹을 음식을 준비하는 공양간도 있다. 우리나라 전통 건축은 안채, 사랑채, 행랑채, 아래채, 별채 등과 같이 건물을 용도에 따라 몇 개씩 채로 나누어 짓는다. 지금까지 살펴보았듯 사찰 역시 우리의 전통 건축 양식에 따라 만들어졌다는 것을 알 수 있다.

경복궁
: 역사와 문화가 살아 숨 쉬는 공간

서울 도심 한복판에 자리 잡은 궁궐인 경복궁은 500년이라는 긴 역사를 지닌 조선 왕조의 상징이다. 조선 시대에 경복궁은 왕과 신하가 국정을 논의해 나라를 다스리는 곳이었고, 한 나라의 품격을 보여 주는 곳이었다. 오늘날에는 시민을 비롯한 관광객이 즐겨 찾는 역사적인 장소가 되었다. 조선의 심장과도 같았던 경복궁은 어떻게 만들어졌을까?

경복궁의 설계자, 정도전

1392년 조선이 건국되고 곧이어 1395년에 경복궁이 들어섰다. 나라를 세우고 수도를 한양으로 정한 뒤 조선은 가장 먼저 경복궁을 지은 것이다. 경복궁의 기본 설계는 정도전이 맡았다. 정도전은 신진 사대부고려 말에 등장한 새로운 정치 세력이자 유교적 이상을 추구했던 인물이다. 그는 조선 초기 태조에게 많은 건의를 했는데, 그 중에는 경복궁에 대한 계획도 있었다. 유학자의 이상에 따라 계획된 경복궁은 궁역宮域과 궐역闕域이 명확히 구분된 것이 특징이다. 우리가 아는 궁궐은 궁역과 궐역을 아울러 부르는 말이다. 궁역은 왕과 그 가족이 생활하는 사적인 공간이고, 궐역은 왕이 신하들과 나라의 정치를 논하는 공적인 공간이다. 조선의 궁궐은 왕이 가족과 함께하는 집이자 국정을 보는 사무 공간이었다. 그래서 공과 사를 구별하기 위해 궁역과 궐역을 나누어 지었다.

경복궁은 여러 건물로 이루어져서 복잡할 것 같지만 전혀 그렇지 않다. 매우 명확한 유교적 질서에 따라 구성되었기 때문이다. 경복궁의 건물 배치를 살펴보자. 건물들은 남북 방향으로 길쭉하게 놓였다. 앞쪽부터 근정전, 사정전, 강녕전, 교태전, 후원으로 이어진다. 앞쪽에는 의례적이고 공적인 건물을 두었고 뒤쪽으로 갈수록 사적인 건물을 두었다. 이처럼 유교 질서에 따라 지어졌다는 의미에서 경복궁은 조선의 법궁法宮이자 정궁正宮으로 불렸다.

장엄함이 흐르는 경복궁의 구조

경복궁 안으로 들어가려면 순서대로 광화문, 홍례문, 근정문을 거쳐야 한다. 3개의 문을 만든 이유는 궁궐이 아무나 드나들 수 없는 지엄한 공간이라는 인상을 주기 위해서였다. 광화문과 홍례문 사이에는 수문장들이 지키고 서서 잡인의 출입을 막았다.

근정문까지 지나면 궁궐 안에 들어온 것이다. 가장 먼저 보이는 것은 품계석이 늘어선 너른 마당과 그 앞에 자리한 근정전이다. 품계석은 정1품부터 종9품까지 18등급으로 나눈 품계를 새긴 비석을 가리킨다. 관청에서 일하는 관원들은 자신의 품계에 맞는 비석 앞에 서서 왕이 주관하는 조회에 참석하고는 했다. 조회는 월 2회로, 매달 1일과 15일에 진행되었다. 근정전은 조회뿐만 아니라 임금의 즉위식 같은 크고 중요한 행사가 벌어지는 가장 공적인 공간이었다. 오늘날 행사장으로 이용하는 홀과 비슷해서 신발을 신고 들어갈 수 있도록 바닥에는 전돌벽돌을 깔았다.

근정전 뒤에는 사정전이 있다. 사정전은 왕이 평상시 일상적인 업무를 보는 공간이었다. 사정전 양옆으로는 만춘전과 천추전을 두었는데, 이곳에서는 여러 신하가 함께 머물러 업무를 보았다. 사정전의 내부 바닥은 온돌이 아닌 마루였다. 그래서 주로 늦봄부터 초가을까지 사용했고, 날이 추워지면 만춘전과 천추전에 마련된 온돌방을 이용했다.

왕과 왕비는 왜 따로 지낼까?

사정전 뒤에는 왕이 생활하던 강녕전이 있다. 왕도 사람이기에 먹고 자는 일은 물론 목욕도 하고, 이발도 하고, 옷도 갈아입고,

용변도 보아야 한다. 왕이 이 모든 것을 해결하던 공간이 바로 강녕전이다.

왕비가 생활하는 교태전은 강녕전 뒤에 자리한다. 왕과 왕비가 다른 장소에서 지낸다는 것이 이상할 수 있지만, 말했듯이 경복궁은 유교적 질서에 따라 계획되었다. 삼강오륜三綱五倫에는 부부유별夫婦有別, 남편과 아내 사이에는 분별이 있어야 한다이 있기에 왕과 왕비는 따로 생활했다. 이는 신분이나 지위가 높은 사대부의 집안에서 남편은 사랑채, 아내는 안채에서 따로 지냈던 것과도 같다. 왕이 나라를 다스린다면, 왕비는 나라 안의 모든 백성의 어머니이자 궁궐 안의 모든 내명부조선 시대에 궁궐에서 벼슬을 받은 모든 여인를 다스리는 수장 역할을 했다. 그렇기에 독립된 영역이 필요하기도 했다.

교태전 뒤편으로는 아미산이라는 조그만 인공 산이 있는 후원이 있었다. 후원은 궁궐에 마련된 작고 예쁜 뒷마당이다. 후원 안쪽으로 들어가면 연못이 나오는데, 연못 안에는 향원정이라는 정육각형의 누각도 있다. 후원은 바깥 구경을 마음대로 할 수 없는 왕비와 왕자, 공주, 후궁들을 위한 휴식 공간이었다.

동쪽에는 왕의 가족이 생활하던 거처가 자리한다. 왕의 어머니인 대비가 머물던 자경전과 세자가 머물던 자선당이 있다. 자선당에서는 세자빈과 어린 자녀들도 함께 지냈다. 그래서 세자는 그 옆에 비현각에서 공부를 하고 업무도 보았다. 흔히 세자를 동궁東宮, 세자궁을 달리 부르는 말로 세자의 거처가 궁궐의 동쪽에 있던 데서 유래한다이라고 불러서 세자만의 궁이 있었을 거라고 생각하지만, 실제로는 자선당과 비현각이 전부였다.

서쪽에는 신하들이 일하던 관청인 궐내각사가 자리한다. 경복궁 안에는 빈청, 승정원, 대청 등 각종 궐내각사가 있었지만 임진왜란과 일제 강점기를 거치면서 대부분 훼손되었다. 그중에서 특히 아까운 건물이 집현전이다. 세종이 학자들과 함께 한글을 만든 바로 그곳이다. 원래는 경회루 앞이 집현전 자리였는데, 집현전이 임진왜란 때 불에 타 사라지면서 그 자리에는 수정전이라는 건물이 지어졌다. 경회루는 연못 안에 지어진 2층 누각으로, 외국 사신들과 연회를 벌이거나 특별한 경사가 있을 때 신하들과 함께 어울리던 연회장으로 이용되었다. 경복궁 후원에 있는 향원정이 왕의 가족을 위한 사적인 장소였다면, 서쪽에 있는 경회루는 공적인 장소였다.

복잡한 궁궐 명칭이 생긴 사정

왕과 왕비가 생활하는 건물인 근정전, 사정전, 강녕전, 교태전에는 '전'이라는 명칭이 붙는다. 대비가 머무는 자경전에도 '전'이 붙는다. 그런데 세자가 지내는 건물인 자선당은 '당'으로 끝난다. 그 이유는 무엇일까?

왕조 국가인 조선에서는 모든 사람이 품계를 받았다. 왕은 품계가 없는데, 가장 지위가 높고 품계를 내리는 사람이기 때문이

경복궁 서쪽에 있는 경회루는 외국 사신들과 연회를 벌이거나 신하들과 어울리던 공적인 장소였다.

다. 왕비와 대비도 왕과 같은 자격으로 품계가 없다. 대신 후궁들은 품계를 받았다. 희빈 장씨나 경빈 박씨처럼 '빈'이라는 명칭이 붙으면 정1품에 해당했다. 세자와 세자빈, 왕자인 대군 그리고 영의정, 좌의정, 우의정 등의 정승도 정1품을 받았다. 따라서 가장 높은 왕, 왕비, 대비는 ○○전에 살았고, 그보다 지위가 낮은 정1품인 세자는 ○○당에 살았다. 정1품 후궁들도 대개 ○○당이라고 불리는 건물에 거처했다. 그 밖에 '각'이나 '루'라는 명칭이 붙는 건물은 ○○당보다 위계가 낮은 건물이거나 딸린 건물인 경우가 많았다.

창경궁, 왕실의 일상을 담아내다

서울에는 경복궁뿐만 아니라 여러 궁궐이 있다. 아름다운 후원을 자랑하는 창덕궁과 청경궁, 근대식 석조 건물인 석조전, 돌담길로 유명한 덕수궁, 다른 궁궐에 비해 규모가 작은 경희궁까지, 모두 5개의 궁궐이 있다. 서울에는 왜 이렇게 많은 궁궐이 지어졌을까? 사람이 살아가면서 몇 번씩 집을 이사하듯이 조선 왕조도 대를 이어 오면서 궁궐을 이사 다녔기 때문이다.

　조선의 3대 왕인 태종 이방원이 왕위에 오른 뒤 지은 궁궐이 창덕궁이다. 경복궁이 유교적 질서를 구현했다면, 창덕궁은 이러한 얽매임 없이 실용적으로 지어졌다. 궁역과 궐역을 명확히 구분하지 않고, 왕과 그 가족이 생활하는 궁역이 발달한 것이 특징이다. 특히 왕실 정원인 후원이 크고 아름답게 조성되었다. 이는 바깥 활동이 자유롭지 못한 왕실 가족을 위해 마련된 것이었다. 그래서 창덕궁의 후원은 아무나 들어갈 수 없는 '비밀의 정원'이라는 뜻에서 비원秘苑이라고 불렀다. 태종은 정도전이 지은 경복궁이 아닌, 자신의 의도에 따라 설계한 창덕궁에서 지냈다. 다만 아들인 세종은 경복궁에서 생활했다. 세종은 왕위를 물려받은 1419년에 상왕이 된 아버지가 지낼 거처로 수강궁이라는 궁궐을 지었다. 수강궁은 1483년에 성종이 좀 더 큰 규모로 중건하면서 이름을 창경궁으로 바꾸었다.

창덕궁과 창경궁은 맞붙어 있어서 사실상 하나의 궁궐로도 볼 수 있다. 조선 왕조 500년 동안 왕들이 주로 생활한 곳은 창경궁과 창덕궁이었다. 조선 중기인 1592년 임진왜란으로 경복궁은 거의 다 타버렸기 때문이다. 피난 갔던 선조가 한양으로 돌아왔지만 당시는 전쟁의 피해가 너무 컸던 탓에 경복궁을 다시 지을 만한 상황이 아니었다. 이후 1865년에 흥선대원군이 경복궁을 중건하기까지 약 270여 년이 걸렸다. 그 세월 동안 경복궁은 빈 궁궐로 남아 있었다. 임진왜란으로 창덕궁과 창경궁도 피해를 보았다. 경희궁과 덕수궁은 임진왜란 직후 급히 지은 터라 크기가 작다.

종묘와 성균관
: 과거 그 이상의 가치

1395년, 경복궁과 더불어 종묘도 세워졌다. 종묘 역시 조선의 건국과 함께한 만큼 조선 왕조에서 매우 중요한 건물이었다. 종묘는 어떤 목적으로 지어졌으며, 어떤 구성을 하고 있을지 알아보자.

우리나라에서 가장 긴 목조 건물

기독교에서 예배와 기도를, 불교에서 참선과 예불을 중요시하듯이 유교에서는 조상에 대한 제례제사를 지내는 의식를 무척 중요시했다. 경복궁이 조선을 실질적으로 통치하는 공간이었다면, 종묘는 유교의 덕목인 충효忠孝, 충성과 효도를 실천하는 공간이자 조선을 상징적으로 통치하는 공간이었다. 그래서 종묘 안에서도 왕과 왕비의 신주죽은 사람의 위패를 모시던 정전은 어마어마한 규모를 자랑한다.

건물을 마주하는 순간 펼쳐지는 광경에 압도될 정도다. 정전은 우리나라에서 가장 긴 목조 건물이기도 하다. 전체 19칸에 가로 길이가 101미터에 이른다. 왜 이렇게 길쭉한 형태로 건물을 지었을까?

처음에 정전은 7칸으로 지어졌다. 하지만 시간이 흐를수록 모셔야 하는 선왕이 늘어나면서 1549년^{명종 4년}에 7칸 양옆으로 2칸씩 새로 지어 11칸이 되었다. 1726년^{영조 2년}에는 4칸을 더 지어서 15칸이 되었고, 1834년^{현종 2년}에는 여기에 4칸을 더 지어 지금의 19칸이 되었다. 정전은 길쭉하게 지어졌지만 칸막이가 없어서 긴 복도처럼 보이기도 한다. 19칸의 건물에는 19명의 왕과 30명의 왕비^{계비 포함}의 신주를 모셨다. 즉 한 칸마다 왕과 왕비의 신주가 있는 셈이다. 각 칸은 '신이 된 왕이 머무는 방'이라는 뜻에서 신실^{神室}이라고 했고, 황색 비단 휘장을 둘러 살아생전의 침전과 비슷하게 꾸몄다.

종묘에는 제사를 지내는 데 필요한 다양한 부속 건물도 있다. 제사는 새벽 1~2시경에 시작되었기 때문에 하루 전에 미리 와서 기다릴 만한 장소가 필요했다. 왕이 전날 도착해서 목욕을 하고 경건한 마음으로 다음 날 있을 제사를 준비하기 위해 만든 공간이 바로 재궁이다. 이 밖에도 제사에 바칠 향과 초를 보관하는 건물인 향대청, 제사에 쓰는 그릇을 보관하는 건물인 전사청, 종묘제례악을 연주하는 악공들이 준비하거나 쉬는 건물인 악공청이 있

정전은 우리나라에서 가장 긴 목조 건물이다. 전체 19칸에 가로 길이가 101미터에 이른다.

다. 이러한 건물들은 직급이 낮은 하급 관리들이 주로 이용했다.

과거를 아우르는 공간

종묘에 유교 사상을 따르는 건물만 있는 것은 아니다. 토속신앙과 고려의 흔적이 녹아 있는 건물도 있다. 칠사당은 왕가와 백성의 생활에 탈이 생기지 않도록 지켜 준다는 수호신들을 모시는 곳이다. 운명을 관장하는 사명지신, 집의 문을 주관하는 사호지신, 부엌의 아궁이를 주관하는 사조지신, 지붕을 주관하는 중류지신, 도성의 문을 지키는 국문지신, 나라의 형법과 사형을 담당하는 공려지신, 왕의 여행길을 지켜 주는 국행지신을 칠사七祀라고 부른다. 칠사는 유교가 아닌 우리나라 토속신앙의 신들이다. 어떻게 유교 건축의 정수라고 할 수 있는 종묘에 칠사당을 두게되었을까? 전통적으로 뿌리 깊이 스며들어 있는 토속신앙을 완전히 부정하기 어려웠기 때문이다.

종묘에는 고려의 마지막 왕인 공민왕의 신당신령을 모신 집도 있다. 조선이 세워졌을 당시 백성들은 고려에 대한 향수를 느꼈다. 이러한 백성들의 마음을 헤아리기 위해 조선의 종묘에 공민왕의 신당도 함께 모신 것이다. 종묘가 역대 선왕의 신주를 모시고 과거를 기리는 곳이라면, 조선의 미래를 준비하는 장소도 있었다. 바로 성균관이다.

교육과 제례가 공존하는 성균관

1398년에 문을 연 성균관은 조선 최고의 교육 기관이었다. 오늘날 고등학교와 대학교를 합친 최고 학부로, 성균관을 졸업하면 관료 사회로 나갈 수 있었다. 그렇기에 성균관 유생들은 조선의 미래를 책임질 예비 관료와 같았다. 왕의 자리를 이을 세자도 6살이 되면 성균관에 입학했고, 성균관의 대제학을 스승으로 모시며 공부했다. 성균관은 제례를 지내는 곳이기도 했다. 종묘가 역대 선왕의 신주를 모셨다면, 성균관은 공자와 유학자들의 신주를 모셨다. 종묘보다 공적인, 국가 차원에서의 제례 공간이었다.

성균관은 교육과 제례라는 두 가지 성격을 동시에 지닌 장소였기에 크게 두 공간으로 나뉘었다. 교육 공간인 명륜당과 제례 공간인 대성전으로 구분되었다. 명륜당은 대성전 뒤편에 놓였는데, 이러한 배치를 전묘후학前廟後學이라고 한다. 즉 성균관은 교육보다 제례를 우선시했다는 것을 알 수 있다.

한 방에 몇 명의 유생이 지냈을까?

성균관의 건물은 어떻게 구성될까? 정문을 지나면 마당이 펼쳐지고, 가장 먼저 대성전이 나온다. 대성전 뒤편에는 명륜당과 유생들이 머물며 공부하던 동재와 서재가 있다. 동재는 동쪽에 있는 집, 서재는 서쪽에 있는 집이라는 뜻이다. 동재와 서재에는 각각 14개의 방이 있다. 유생들은 대개 4~6명씩 한 방을 나누어 썼다. 성균관의 전체 인원은 200명 정도였는데, 이들 모두가 동재나 서재에 살지는 않았다. 부유한 양반가의 자제들은 근처 민가에 하숙집을 두고 독방을 쓰기도 했다. 또한 성균관에 아무나 입학할 수 있는 것은 아니었다. 일반적으로 진사과나 생원과의 초시_{과거의 1차 시험}에 합격해야만 성균관에 입학할 자격이 주어졌다. 초시에 붙은 이는 진사나 생원이라고 불렸다.

명륜당 뒤로 가면 유생들이 밥을 먹는 공간인 진사식당이 나온다. 이 밖에도 부속 건물이 더 있다. 대성전에서 진행하는 제사에 바칠 음식을 준비하는 건물인 전사청, 성균관의 직원들이 업무를 보는 건물인 정록청, 유교 경전을 보관하는 건물인 존경각 등이다.

유교 건축에서 종묘와 성균관은 중요한 한 축을 이루었다. 종묘와 성균관은 조선의 실질적인 궁궐이었던 창덕궁을 비롯한 창경궁과 맞닿아 있었다. 창덕궁과 창경궁은 현재까지 거의 붙어 있다시피 하지만, 창경궁 남쪽에 나란히 놓였던 종묘는 일제 강점기에 이르러 변화를 맞이했다. 일제가 경성의 도심 교통을 원활히 한다는 구실로 창경궁과 종묘 사이에 도로_{현재 율곡로}를 놓은 것이다.

오늘날의 대학로가 되기까지

앞서 창덕궁의 후원을 '비밀의 정원'이라는 뜻에서 비원이라고 부른다고 했다. 창경궁에도 '봄을 머금은 정원'이라 뜻에서 함춘원含春苑이라고 이름 붙인 후원이 있었다. 아쉽게도 현재 함춘원은 사라지고 없다. 지금까지 남아 있었다면 창덕궁의 비원처럼 빼어난 경관을 자랑했을 것이다. 일제 강점기에 일본은 함춘원 자리에 대한의원이라는 국립병원과 경성의학전문학교를 세웠다. 근처에는 최초의 대학이라고 할 수 있는 경성제국대학과 경성고등공업학교도 세웠다. 일본은 왜 이곳에 교육 기관을 새로 마련했을까?

창덕궁과 창경궁의 동북쪽에는 성균관이 이웃해 있었다. 조선의 정치를 휘어잡기 위해 경복궁 앞에 조선총독부를 지었듯이 일본은 조선의 교육과 문화를 거머쥐기 위해 성균관 바로 앞에 근대적 학교들을 세웠다. 이때부터 혜화동 일대는 대학로라고 불렸다. 해방 후 경성제국대학은 서울대학교로 바뀌었고, 법문학부가 있던 자리는 현재 마로니에 공원이 되었다. 경성의학전문학교는 서울대학교 의과대학이 되어 여전히 그 자리에 남아 있다. 경성고등공업학교는 서울대학교 공과대학이 되었으며 관악구 신림동으로 이사했다. 그리고 지금 그 자리에는 한국문화예술위원회인 예술가의 집과 한국방송통신대학교가 있다. 한편 성균관은 해방 후 성균관대학교로 거듭나 현재까지 이어져 오고 있다.

일본은 조선의 교육과 문화를 거머쥐기 위해 성균관 바로 앞에 근대적 학교들을 세웠다. 이때부터 혜화동 일대는 대학로라고 불렸다.

요즘 거리를 걷다 보면 헌 건물을 외관만 멋지게 고쳐 쓰는 모습을 볼 수 있다. 건물이 낡고 지저분해 보이는 이유는 외관이 유행에 맞지 않기 때문이다. 건물의 구조는 그대로 두고 외관만 깨끗이 수리하면 비용도 덜 들고, 공사도 빨리 끝나며, 자원도 재활용할 수 있다. 이처럼 건물의 외관만 바꾸는 것을 익스테리어 디자인이라고 한다. 건물의 실내를 바꾸는 인테리어 디자인과 반대되는 개념이다.

오래된 건물의 외관을 변신시킬 때만 익스테리어 디자인을 하는 것은 아니다. 새 건물을 세울 때도 더욱 멋진 외관을 위해 활용되고는 한다. 인테리어 공사는 대개 건축설계사무소에서 맡지만, 좀 더 전문적인 인테리어가 필요할 때는 인테리어 전문 업체에 따로 의뢰

한다. 건물의 외관 디자인도 보통은 건축설계사무소에서 담당한다. 하지만 식당이나 카페 등 주위의 관심을 끄는 것이 중요한 상업 건물은 더욱 눈에 잘 띄기 위해 전문 익스테리어 업체에 의뢰한다. 오래된 아파트에 새로 인테리어 공사를 하듯이 낡고 촌스러운 건물에도 유행에 맞는 새로운 익스테리어 디자인을 하기도 한다.

익스테리어 디자인은 어떤 과정을 거쳐 이루어질까? 건물을 짓기 시작할 때 익스테리어 디자인 용역 공고가 나오면 디자인 업체들이 제안서를 낸다. 일을 얻어 내는 데 성공한 디자이너는 고객의 요구에 맞춰 설계를 수정하고 보완하는 작업을 한다. 건물의 뼈대가 어느 정도 세워지고 나면 설계안에 따라 건물을 꾸미는 본격적인 공사에 들어간다. 이 과정에는 다양한 업체가 참여한다. 색채, 조명 등을 전문으로 하는 업체들과 협업해 건물의 외관을 꾸민다. 이때 익스테리어 디자이너는 여러 업체를 이끄는 프로젝트의 리더 역할을 맡기도 한다.

익스테리어 디자인을 하려면 기본적으로 건축에 관한 지식이 있어야 한다. 그러므로 대학에서 건축학이나 건축공학을 전공해야 하고, 이와 함께 예술적인 감각도 길러야 한다. 늘 새로운 것을 만들어 내는 직업이기에 창의력이 무엇보다 중요하다. 꾸준히 여행을 다니거나 주변의 독특한 건물들을 꼼꼼히 살펴보는 습관을 기르면 창의력을 키우는 데 도움이 된다.

조경造景이란 경치를 만든다는 뜻이다. 즉 나무, 돌, 연못, 벤치, 가로
등, 조각상 등으로 쾌적한 외부 환경을 조성하는 일을 말한다. 요즘
아파트 단지는 정원, 숲, 작은 연못, 분수 등을 두어 외부 공간을 잘
꾸며 놓은 것을 볼 수 있다. 이것이 바로 조경 디자인이다. 집 앞에
마당을 두고 꽃과 나무를 심어 예쁘게 꾸미는 일도 조경 디자인과
비슷한 활동이라 할 수 있다. 현대에는 건물의 규모가 갈수록 커지
면서 마당은 큰 정원이 되었다. 또한 건물의 옥상정원이나 내부 중
정건물 안에 만드는 마당을 꾸미는 일도 많아서 이를 전문적으로 하는 조경
디자이너의 역할이 중요해지고 있다.

　조경 디자인에서 가장 중요한 것은 나무를 심는 일이다. 그러므
로 나무의 특성과 성질을 잘 알아야 한다. 특히 우리나라는 사계절

이 뚜렷하기 때문에 계절에 따라 달라지는 정원의 모습을 예측할 줄 알아야 한다. 계절마다 달리 피는 꽃은 어떻게 배치할지, 식물의 활동이 더딘 겨울은 어떻게 대비해야 할지 등을 고려해야 한다.

조경에는 분수나 연못 등 수변 공간도 중요한 요소다. 겨울에는 물이 얼어 사용할 수 없기 때문에 여름에 쓰는 분수 연못을 겨울에는 어떻게 사용할지도 생각해야 한다. 이밖에 폭염, 미세먼지, 태풍 등 다양한 기후 요소를 고려하는 능력도 필요한다. 아울러 건축, 미술, 인테리어 등 조경과 관련 있는 다양한 분야의 지식도 풍부해야 한다.

대학의 관련 학과로는 조경학과, 환경조경학과 등이 있다. 졸업 후에는 주로 건축설계사무소나 건설 회사에 입사해 건축, 도시, 토목 분야 등에서 일할 수 있다.

롤 모델 찾기 **도미니크 페로**

도미니크 페로는 1953년 프랑스 클레르몽페랑에서 태어났다. 1978년 프랑스 국립미술학교에서 건축 학위를 받은 뒤 이듬해 프랑스 국립토목학교에서 도시 계획을 공부했다. 1981년에는 파리에 건축 설계사무소를 열면서 본격적인 설계 활동을 시작했다. 1989년 프랑스 국립도서관The National Library of France 설계 공모전, 1992년 베를린 올림픽 자전거 경기장과 수영장의 설계 공모전에 당선되면서 이름을 떨치기 시작했다.

이후 스페인 바르셀로나의 에스페리아 호텔Eesperia, 2001년, 스페인 마드리드의 올림픽 테니스 센터Olympic Tennis Center, 2002년, 독일 베를린 올림픽 자전거 경기장과 수영장2002년, 러시아 상트페테르부르크의 마린스키 극장Mariinskii Teatr, 2003년, 이화여자대학교 캠퍼스 복합단지

ECC, Ewha campus center, 2008년 등을 설계했다.

세계적인 건축가로 명성을 떨치게 된 첫 건물은 파리의 프랑스 국립도서관이었다. 당시 30대 무명의 건축가였던 그는 유명한 건축가들을 제치고 당당히 설계 공모전에 당선되었다. 설계안에 따라 만들어진 도서관은 펼쳐진 책처럼 보이는 4개의 건물로 이루어져 있다. 외벽은 유리로 만들었는데, 보통 도서관 건물은 커다란 유리창을 잘 만들지 않는다. 책은 직사광선에 오래 노출되면 상하기 쉽기 때문이다. 그는 관습을 깨고 커다란 유리벽을 설치했다. 그 대신 직사광선을 차단하기 위해 창문에 목재 스크린을 설치함으로써 독특한 외관을 완성했다.

우리나라에 지은 건물도 있다. 이화 캠퍼스센터라고 불리는 이화여자대학교 캠퍼스 복합단지다. 그는 '캠퍼스 밸리valley'라는 콘셉트로 지하에 땅을 파고 인공 계곡 형태로 건물을 설계했다. 지하 6층, 지상 2층으로 완성된 건물 안에는 열람실, 소규모 세미나실, 북카페, 피트니스 센터 등이 마련되었다. 지상 공간에는 숲이 우거진 길을 조성했다.

그는 1996년 국가 건축상, 1997년 미스반데 로에 유럽 건축상, 프랑스 최고의 훈장인 레지옹 도뇌르 훈장 등을 받았다. 현재 프랑스 건축 아카데미 회원이며, 독일건축가협회의 명예회원 및 영국왕립건축가협회의 특별 명예회원으로 있다. 또한 바르셀로나의 건축 자문위원으로 활동 중이다.

장 누벨은 1945년 프랑스 남서부의 작은 도시 후멜에서 태어났다. 20대 초반 국립예술원에 수석 입학하고, 국립미술학교인 에콜 데 보자르를 졸업한 뒤 프랑스 정부 공인 건축사DPLG가 되었다. 1976년에는 건축의 새로운 가능성을 시도하는 건축 운동인 마르스 1976Mars 1976을 공동 창립하며 건축가로서의 행보를 시작했고, 2008년 프리츠커 건축상을 받았다.

그가 세상에 이름을 널리 알린 유명한 작품으로는 파리의 아랍문화원Institut du Monde Arabe, 1987년이 있다. 공모전을 통해 선정된 그의 설계안은 독특한 외관과 구조로 건축계에서 크게 주목받았다. 아랍문화원의 가장 큰 특징은 건물의 남쪽에서 보는 창의 구조다. 카메라의 조리개 작동 원리에서 모티브를 얻었다는 외관은 아랍의 전통

문양을 떠올리게 하는 뛰어난 미적 감각을 보여 준다. 또한 내부로 들어오는 빛을 자동으로 조절하는 조리개 방식의 창문은 그를 '빛의 건축가'로 일컬어지게 했다.

스페인 바르셀로나에 세워진 아그바 타워Torre Agbar, 2005년 역시 빛을 이용한 창의성을 엿볼 수 있는 건물이다. 지상 35층으로 이루어진 건물에는 약 4,500여 개의 창문과 유리 블라인드가 있으며, 외부 온도에 따라 창문을 자동으로 여닫는 장치가 설치되어 있다. 외벽에는 4,000여 개의 LED 조명을 설비해 환상적인 야경을 선사한다.

우리나라에 있는 장 누벨의 작품으로는 리움미술관Leeum Museum, 2004년이 있다. 스테인리스 스틸과 유리를 사용해 현대미술의 아름다움을 표현했으며, 전시장 내부에 기둥을 세우지 않음으로써 열린 공간을 만들었다. 빛을 중요시하는 건축가답게 미술관 내부에 자연광을 드리워 빛과 그림자의 자연스러운 연출을 의도한 것이다.

직접 해보는
진로 찾기

하고 싶은 일을 하려면 무엇을 준비해야 할까?
관심 있는 직업을 직접 조사해 보자.

나의 관심사	
나의 성격	
좋아하는 공부	
내가 되고 싶은 직업	

이 직업이 하는 일	❶
	❷
	❸
	❹
	❺

진출 분야	
필요한 능력	
해야 할 공부 및 활동	
관련 자격증	
이 직업의 롤 모델	

참고 자료

도서

- 건설도서 편집부 지음,《역학과 건축물의 형태》, 건설도서, 1996
- 김동욱 지음, 김종섭 사진,《종묘와 사직》, 대원사, 2005
- 김해경 지음,《모던걸 모던보이의 근대공원 산책》, 정은문고, 2020
- 로마 아그라왈 지음, 윤신영·우아영 옮김,《빌트, 우리가 지어 올린 모든 것들의 과학》, 어크로스, 2019
- 문동석 지음,《한양, 경성 그리고 서울》, 상상박물관, 2013
- 미셸 프로보스트 다비드 아타 지음, 김수진 옮김,《건축물의 구조 이야기》, 그린북, 2013
- 빌 리제베로 지음, 박인석 옮김,《건축의 사회사》, 열화당, 2008
- 서울특별시 문화본부 역사문화재관 제작,《성균관과 문묘의 세계유산적 가치》, 서울특별시, 2016
- 송하엽 지음,《랜드마크 ; 도시들 경쟁하다》, 효형출판, 2014
- 스피로 코스토프 지음, 양윤재 옮김,《역사로 본 도시의 형태》, 공간사, 2011
- 신영훈 지음, 김대벽 사진,《사원 건축, 대원사》, 2002
- 신영훈·이상해·김도경 지음,《우리건축 100년》, 현암사, 2001
- 염복규 지음,《서울의 기원, 경성의 탄생》, 이데아, 2016
- 이석용 지음,《건축, 교양이 되다》, 책밥, 2016
- 이순우 지음,《광화문 육조앞길》, 하늘재, 2012
- 임석재 지음,《한권으로 읽는 임석재의 서양건축사》, 북하우스, 2011
- 임석재 지음,《개화기-일제강점기 서울건축》, 이화여자대학교 출판부, 2011
- 제해성·민병호 지음,《컨벤션 센터와 무역전시관 건축》, 구미서관, 2001

논문

- 고흠, <근대 산업유산을 재활용한 도시재생에 관한 연구: 당인리 화력발전소 활용계획을 중심으로>, 고려대학교 대학원 학위논문(석사) : 2009

웹사이트

- 프리츠커 건축상 www.pritzkerprize.com
- 건축도시 연구정보센터 www.auric.or.kr
- 대한건축학회 www.aik.or.kr
- 문화재청 경복궁 www.royalpalace.go.kr
- 성균관 www.skk.or.kr
- 진로정보망 커리어넷 www.career.go.kr

교과 연계

찾아보기

내가 미래 도시의 건축가라면

초판 1쇄 2021년 2월 26일
초판 3쇄 2022년 10월 28일

지은이 서윤영

펴낸이 김한청
기획편집 원경은 김지연 차언조 양희우 유자영 김병수 장주희
마케팅 최지애 현승원
디자인 이성아 박다애
운영 최원준 설채린

펴낸곳 도서출판 다른
출판등록 2004년 9월 2일 제2013-000194호
주소 서울시 마포구 양화로 64 서교제일빌딩 902호
전화 02-3143-6478 팩스 02-3143-6479 이메일 khc15968@hanmail.net
블로그 blog.naver.com/darun_pub 인스타그램 @darunpublishers

ISBN 979-11-5633-328-9 44000
ISBN 979-11-5633-250-3 (세트)